Bibliografische Information der Deutschen Nationalbibliothek:

Die Deutsche Nationalbibliothek verzeichnet diese Publikation in der Deutschen Nationalbibliografie; detaillierte bibliografische Daten sind im Internet über http://dnb.d-nb.de abrufbar.

Impressum:

Copyright © 2014 ScienceFactory

Ein Imprint der GRIN Verlags GmbH

Druck und Bindung: Books on Demand GmbH, Norderstedt, Germany

Sterbehilfe –
Erlösung oder Verbrechen?
Rechtliche Aspekte eines kontroversen Problems

Ferda Nunninger (2011): Ethische und rechtliche Probleme von Sterbehilfe. Werden Patienten aus Organspende-Mangel zur aktiven Sterbehilfe überredet? 5

Einleitung 6
1. Euthanasie 8
2. Formen der Sterbehilfe 11
3. Sterbehilfe im Ländervergleich 35
4. Exkurs: Organspende 40
5. Fallbeispiel: „Carine, 43, lässt sich töten" 43
6. Legalisierung der aktiven Sterbehilfe 50
Fazit 53
Literaturverzeichnis 57

Stephan Höntsch (2006): Die aktive Sterbehilfe als Verfassungsproblem 59

Einführung 60
Terminologische Abgrenzung 62
Konkretisierung der betroffenen Grundrechte 68
Anwendung auf die Problematik der aktiven Sterbehilfe 93
Schlussbetrachtung 129
Literaturverzeichnis 130

Simon Rietberg (2011): Gibt es ein Recht auf den Tod? Die Sterbehilfedebatte in Europa aus menschenrechtlicher Perspektive . 136

Einleitung 137
Sterbehilfe – was ist das eigentlich? 138
Rechtliche Situation in ausgewählten europäischen Staaten 139
Menschenrechtliche Aspekte 144
Zusammenfassung 151
Literaturverzeichnis 153

Ferda Nunninger (2011): Ethische und rechtliche Probleme von Sterbehilfe. Werden Patienten aus Organspende-Mangel zur aktiven Sterbehilfe überredet?

Einleitung

Der Tod, als das unwiderrufliche Lebensende, ist ein natürlicher Prozess im Kreislauf des Lebens. Vielfach wird dieser in der Gesellschaft aber nicht mehr natürlich aufgefasst, sondern verdrängt und mit Angst, Hilflosigkeit, Hoffnungslosigkeit, Qualen und Einsamkeit verbunden. Hat man sich früher diesem natürlichen Prozess des Sterbens gefügt, die Machtlosigkeit am Lebensende erkannt und es nicht versucht zu beherrschen, so scheint es in der heutigen Zeit, in der vom Menschen verlangt wird, Eigenverantwortung zu übernehmen und autonom zu sein, selbstverständlich, auch den Zeitpunkt des eigenen Todes bestimmen zu können. Gleichzeitig sind durch wachsende Kenntnisse und Fortschritte in der Biologie und Medizin die Möglichkeiten entstanden, den Anfang und das Ende des Lebens zu beeinflussen. Sowie Leben im Reagenzglas geschaffen werden kann, gibt es technische Möglichkeiten das Leben zu verlängern, den Tod hinauszuschieben oder den Tod herbeizuführen und dabei die Organe „am Leben zu halten". Es wird als selbstverständlich aufgefasst, dass durch diese medizinischen Kenntnisse Krankheiten geheilt oder zumindest aufgehalten werden können, die früher zum Tod geführt hätten. Mit der Steigerung der Möglichkeiten steigen auch die Erwartungen an die Medizin und es scheint unmöglich zu sein, die Verschiebung der Grenze zwischen Leben und Tod aufzuhalten. In der heutigen Zeit ist es wichtiger denn je zu prüfen, inwieweit es sinnvoll ist, die medizinischen Möglichkeiten in bestimmten Situationen voll auszuschöpfen und wo dabei die menschlichen Grenzen der modernen Medizin liegen.[1]

Als Sterbehilfe werden Maßnahmen bezeichnet, die einem Sterbenden einen möglichst schmerzfreien Tod ermöglichen sollen. So liegt der Sterbehilfe die grundsätzliche Entscheidung zu Grunde, in einer bestimmten Krankheitsphase der Lebensverkürzung den Vorzug zu gewähren oder um der Heiligkeit des Lebens willen dem Patienten eine leidvolle Lebensverlängerung zuzumuten.[2] Bei dieser Debatte besteht ein Konflikt zwischen dem Selbstbestimmungsrecht des Patienten, der Fürsorgepflicht des Arztes, den medizinischen Möglichkeiten und der Akzeptanz des Sterbens als ein natürlicher Prozess. Es beginnt ein

---

[1] Körtner, U.H.J., "Therapieverzicht am Lebensende? Ethische Fragen des medizinisch assistierten Sterbens", in: *Zeitschrift für medizinische Ethik* 48 (2002), S.17.
[2] Grimm, C., Hillebrand, I., "Sterbehilfe", in: Sturma, D., Lanzerath, D., Heinrichs, B.(Hrsg.), *Ethik in den Biowissenschaften – Sachstandsberichte des DRZE*, Band 8, München 2009, S.9.

Abwägungsprozess, bei dem es nicht einfach ist, die Wünsche des Patienten mit dem Berufsethos des Arztes in Einklang zu bringen. Die gemeinsame Überlegung, einen würdevollen Tod zu gestalten, kann in verschiedenen Ländern durch verschiedene Gesetzesregelungen ganz unterschiedlich ausfallen. Die ethische Debatte um die Sterbehilfe wird somit nicht nur auf den Fachbereich der Medizinethik beschränkt, sondern international diskutiert. In den vergangenen Jahren haben Sterbehilfeempfänger wie Terri Schiavo, Eluana Englaro, Vincent Humbert, Ramón Sampedro und etliche mehr für Aufsehen und länderübergreifende Diskussionen gesorgt.[3] So wurde auch einem bisher wenig bekannten Fall aus Belgien besondere Aufmerksamkeit zuteil, da erstmalig in der Sterbehilfegeschichte die in Belgien legalisierte aktive Sterbehilfe mit einer anschließenden Organspende verbunden wurde. Dass dieser Fall fast sechs Jahre der Öffentlichkeit verschwiegen worden ist und zwischenzeitlich mehrere Sterbehilfefälle mit anschließender Organtransplantation in Belgien dokumentiert wurden, bringt die Diskussion hier in Deutschland umso stärker in Gang.[4]

Ziel der vorliegenden Arbeit ist es, die verschiedenen Sterbehilfeformen strafrechtlich und ethisch abzuhandeln, um die Gefahr der Verknüpfung von aktiver Sterbehilfe im Zuge der Legalisierung mit einer Organtransplantation aufzuzeigen. Eine abschließende Argumentation für oder gegen die Legalisierung von aktiver Sterbehilfe wird mit dieser Arbeit jedoch nicht bezweckt.

---

[3] Grimm, Hillebrand, "Sterbehilfe", S.9.
[4] Vgl. "Carine, 43, lässt sich töten", DIE ZEIT N° 43 vom 20.Oktober 2011, S. 17f.

Euthanasie

Für „Sterbehilfe" wird in anderen Ländern und gelegentlich auch in Deutschland der Ausdruck „Euthanasie" verwendet. Der Begriff „euthanasia" entstammt der griechischen Antike: „eu" (gut/glücklich) und „thanatos" (der Tod), entsprechend in der Verbindung guter oder glücklicher Tod.[5] Diesem Ideal eines glücklichen Todes entsprachen in der Antike verschiedene Todeskonzepte: ein ruhmreicher Tod bspw. im Krieg, ein würdevoller Tod im Sinne des tugendhaften Weisen, bzw. eines idealisierten Philosophen-Todes bspw. bei Sokrates oder ein schneller Tod, bevor man sich körperlich und geistig überlebt hat. Euthanasie bedeutet in dieser Perspektive ein angenehmes und ehrenvolles Sterben, nicht aber die aktive Lebensbeendigung.[6]

Auch im hippokratischen Eid[7] spielen die Verbote der aktiven Euthanasie und der Beihilfe zum Suizid eine zentrale Rolle: „Ich werde auch niemandem eine Arznei geben, die den Tod herbeiführt, auch nicht, wenn ich darum gebeten werde, auch nie einen Rat in dieser Richtung erteilen".[8] Doch zur Zeit des Hippokrates werden auch Euthanasie bejahende und sinngemäß der Bedeutung im Nationalsozialismus entsprechende Positionen vertreten, zum Beispiel von Platon: „die mit schlechtem Körper soll man sterben lassen, die mit schlechter Seele umbringen".[9]

Die Verwendung des Begriffes „Euthanasie" in einem medizinischen Kontext wird zum ersten Mal von Francis Bacon[10] vorgenommen. In seinem Werk „Euthanasia medica" greift er den antiken Begriff wieder auf und unterscheidet darin zwischen der „euthanasia interior", der seelischen Vorbereitung auf den Tod, und der „euthanasia exterior", die dem leidenden Menschen sein Lebensende leichter und schmerzloser bereiten soll, notfalls unter Inkaufnahme

---

[5] Hermann, A., Art. "Euthanasie", in: von Ritter, J. (Hrsg.), *Historisches Wörterbuch der Philosophie*, Band 2, Basel 1972, S. 828 – 829.

[6] Letellier, P., "Geschichte und Definition eines Begriffs", in: LIT Verlag (Hrsg.), *Euthanasie Band 1 – Ethische und menschliche Aspekte*, Münster 2005, S.10.

[7] Nach Psychrembel, W. (Begr.), Dornblüth, O. (Begr.), "Hippokratischer Eid", in: *Pschyrembel – Klinisches Wörterbuch* (2002), S. 699: Der Eid des Hippokrates, benannt nach dem griechischen Arzt Hippokrates von Kós (um 460 bis 370 v. Chr.), gilt als die erste grundlegende Formulierung einer ärztlichen Ethik.

[8] Capelle, W., *Hippokrates: Fünf auserlesene Schriften*, Zürich 1995, S.179.

[9] Hermann, Art. "Euthanasie", **HWPh**, S. 828.

[10] Francis Bacon, englischer Philosoph und Staatsmann (1561 – 1626).

einer Verkürzung des Lebens.[11] Sterbenskranke Patienten dürfe man nach Bacon nicht aufgeben, sondern dergestalt pflegen, dass ihnen der Sterbeprozess erleichtert wird.[12]

In Deutschland wird der Begriff „Euthanasie" eng verknüpft mit seinem Missbrauch im Nationalsozialismus und den in diesem Namen verübten rassistisch und eugenisch[13] motivierten Massenmorden an für lebensunwert erklärten kranken oder behinderten Menschen. Hitler beruft sich bei seinem Euthanasie-Programm auf Binding und Hoche, die die utilitaristisch geprägte Theorie „Vernichtung lebensunwerten Lebens"[14] aufstellten.[15] Diese Theorie ist eine juristische und medizinische Rechtfertigung zum erlaubten Töten von „lebensunwerten Leben" durch den Staat. Die Akzeptanz sei laut Binding und Hoche dadurch gegeben, dass man durch die Vernichtung dieser Menschen der Gesellschaft als Ganzes helfen würde.[16] Kranke oder Behinderte zu töten, gelte nicht als Straftat, denn es handle sich um „absolut zweckloses Leben" und eine „furchtbare, schwere Belastung für Angehörige und die Gesellschaft".[17] Diese Unterscheidung zwischen wertvollem und unwertem Leben wurde im Dritten Reich ideologisch auf die Spitze getrieben. Mit Hitlers Rassenideologie[18] wurden verschiedene Stufen von Rassen unterschieden, wobei die höchste Stufe die „Arier" bildeten und die niedrigste die Juden. Hitler sah sich aufgrund der Kenntnisse des „Sozialdarwinismus"[19] dazu berufen, sein Volk zum Besten zu treiben. Er bereitete durch Propagandafilme, sogenannte

---

[11] Grimm, Hillebrand, "Sterbehilfe", S.90.

[12] Letellier, "Geschichte und Definition eines Begriffs, S.10.

[13] Nach Brockhaus (Hrsg.),Art. "Eugenik", in: *Brockhaus Enzyklopädie in vierundzwanzig Bänden*, Band 6 (1988), S.617: Der Begriff "Eugenik" stammt von Francis Galton, der 1883 die "Wissenschaft der Eugenik" (abgeleitet von "eu" für gut und "genos" für Rasse) begründete, mit dem zweifachen Ziel, die Zunahme der Menschen, die nach Darwins Theorie "schlecht angepasst" waren zu verringern und die von "am besten angepassten" zu fördern.

[14] Das Buch mit dem Titel "Die Freigabe der Vernichtung lebensunwerten Lebens: Ihr Maß und ihre Form" wurde zum Klassiker der Euthanasie.

[15] Hermann, Art. "Euthanasie", HWPh, S. 828.

[16] Holthaus, S., Jahnke, T., *Aktive Sterbehilfe – Ausweg oder Irrweg?*, Basel 2008, S. 32.

[17] Holthaus, *Aktive Sterbehilfe – Ausweg oder Irrweg?*, S. 32.

[18] Nach Brockhaus (Hrsg.),Art. "Rassismus", in: *Brockhaus Enzyklopädie in vierundzwanzig Bänden*, Band 18 (1992), S.69f: Als Rassenideologie wird die ideologisch motivierte Aufteilung der biologischen Art "Mensch" in 'höhere' und 'niedrigere' Rassen bezeichnet.

[19] Nach Brockhaus (Hrsg.),Art. "Sozialdarwinismus", in: *Brockhaus Enzyklopädie in vierundzwanzig Bänden*, Band 20 (1993), S.521: Sozialdarwinismus ist eine Fachrichtung, welche Teilaspekte der Evolutionstheorie nach Charles Darwin auf menschliche Gesellschaften anwendet und deren Entwicklung als Folge natürlicher Selektion beim "Kampf ums Dasein" auffasst.

„Erbgesundheitsgesetze" und der Theorie von „unnützen Essern", den Weg zur systematischen Vernichtung „lebensunwerten Lebens".[20] Mit den „Euthanasie-Aktionen" wurde der Wert des Lebens nach einem „Kosten-Nutzen-Modell" berechnet und den Interessen der Gesellschaft untergeordnet.[21] Obwohl mit der Legalisierung der aktiven Sterbehilfe ein stückweit genau diese „Kosten-Nutzen-Berechnungen" befürchtet werden, soll zur notwendigen Abgrenzung vom Begriffs-Missbrauch im Nationalsozialismus in dieser Arbeit auf die Verwendung des Begriffes „Euthanasie" verzichtet und stattdessen der Begriff „Sterbehilfe" gebraucht werden.

---

[20] Holthaus, *Aktive Sterbehilfe – Ausweg oder Irrweg?*, S. 33.
[21] Holthaus, *Aktive Sterbehilfe – Ausweg oder Irrweg?*, S. 37.

Formen der Sterbehilfe

Als Sterbehilfe wird ein Handeln aufgefasst, das einen erleichterten und schmerzgelinderten Tod eines schwerkranken Menschen ermöglicht.[22] Dabei werden üblicherweise vier verschiedene Formen der Sterbehilfe unterschieden: die direkte aktive, indirekte aktive und passive Sterbehilfe, sowie die Beihilfe zum Suizid. Im Folgenden sollen die einzelnen Sterbehilfeformen unter dem Aspekt der strafrechtlichen und ethischen Diskussion dargestellt werden. Die Wichtigkeit einer der obigen Definition entsprechenden fünften Sterbehilfeform, nämlich die Palliativmedizin[23], soll anschließend hervorgehoben werden.

Aktive Sterbehilfe

Nur bei der aktiven Sterbehilfe steht die Intention, einen Menschen zu töten bzw. den Sterbeprozess einzuleiten, im Vordergrund. Durch die Verabreichung lebensverkürzender Substanzen wird der Tod des Patienten bewirkt. Dies kann aufgrund des Willens des Patienten, selbstbestimmt zu sterben, geschehen, aber auch ohne dessen Willen ausgeführt werden. In jedem Fall ist die aktive Sterbehilfe strafbar. Es entsteht ein Konflikt zwischen der Autonomie des Patienten, den Tod und den Zeitpunkt des Todes selbst zu bestimmen und dem unmoralischen Akt des Tötens, welcher den Aufgaben des Arztes widerspricht.

Strafrechtliche Aspekte der aktiven Sterbehilfe

Beim Leben handelt es sich um ein indisponibles Rechtsgut, das der Verfügungsgewalt seines Inhabers in letzter Konsequenz entzogen ist. Also anders wie bei den disponiblen Individualrechtsgütern, wie etwa Eigentum, Vermögen oder Freiheit. Das rechtswirksame Verzichten auf das eigene Leben ist damit dem Einzelnen untersagt.[24] In Deutschland ist aktive Sterbehilfe strafbar. Um das Töten auf Verlangen[25] gegenüber Mord oder Totschlag abzugrenzen, muss hervorgehoben werden, dass der Täter zu der Tötung durch das „ausdrückliche und ernstliche Verlangen"[26] des Opfers bestimmt wird. Handelt der Täter etwa aus anderen Motiven wie Habgier, so ist auf § 211 und § 212 des StGB zurückzuweisen. Ausdrücklich ist dieses Verlangen, wenn es

---

[22] Psychrembel, "Sterbehilfe", in: *Pschyrembel – Klinisches Wörterbuch*, S. 1584.
[23] Eine From des medizinisch begleiteten Sterbens; siehe weitere Ausführungen: Kapitel 2.5. Palliativmedizin.
[24] Grimm, Hillebrand, "Sterbehilfe", S.60.
[25] § 216 des Deutschen Strafgesetzbuches.
[26] Siehe § 216 Tötung auf Verlangen des Deutschen Strafgesetzbuches.

mit Willensfestigkeit und Zielstrebigkeit in eindeutiger Weise und zweifelsfrei in Ausdruck gebracht wird. Ernstlich ist ein Verlangen, wenn der Verlangende imstande ist, die Tragweite seiner Entscheidung zu erfassen und dass er sie frei von Zwang und anderen wesentlichen Willensmängeln trifft. Dadurch werden insbesondere von depressiven Stimmungslagen getragene Augenblicksregungen und vorübergehende Launen, wie sie sich gerade im Verlauf schwerer Erkrankungen zeigen, ausgeschlossen. Zum besseren Verständnis werden in einer Tabelle die Unterschiede der verschiedenen Paragraphen des StGB ausgeführt:

§ 211 Mord

(1) Der Mörder wird mit lebenslanger Freiheitsstrafe bestraft.

(2) Mörder ist, wer aus Mordlust, zur Befriedigung des Geschlechtstriebs, aus Habgier oder sonst aus niedrigen Beweggründen, heimtückisch oder grausam oder mit gemeingefährlichen Mitteln oder um eine andere Straftat zu ermöglichen oder zu verdecken, einen Menschen tötet.

(2) Mörder ist, wer aus Mordlust, zur Befriedigung des Geschlechtstriebs, aus Habgier oder sonst aus niedrigen Beweggründen, heimtückisch oder grausam oder mit gemeingefährlichen Mitteln oder um eine andere Straftat zu ermöglichen oder zu verdecken, einen Menschen tötet.

§ 212 Totschlag

(1) Wer einen Menschen tötet, ohne Mörder zu sein, wird als Totschläger mit Freiheitsstrafe nicht unter fünf Jahren bestraft.

(2) In besonders schweren Fällen ist auf lebenslange Freiheitsstrafe zu erkennen.

§ 216 Tötung auf Verlangen

(1) Ist jemand durch das ausdrückliche und ernstliche Verlangen des Getöteten zur Tötung bestimmt worden, so ist auf Freiheitsstrafe von sechs Monaten bis zu fünf Jahren zu erkennen.

(2) Der Versuch ist strafbar.

Ethische Aspekte der aktiven Sterbehilfe

Aktiv ist diese Form der Sterbehilfe insofern, dass der Tod anders als bei der passiven Sterbehilfe von außen verursacht wird und direkt deshalb, da der Tod unmittelbar beabsichtigt wird. Es kristallisieren sich in der Diskussion zwei Fragestellungen, die hier erörtert werden sollen:

1. Ist es angemessen und ethisch zulässig, zu verlangen, von einem anderen Menschen getötet zu werden, um selbstbestimmt und schmerzfrei zu sterben?

2. Wenn dieses Verlangen angemessen und ethisch zulässig ist, ist es wiederum ethisch zulässig, diesem Verlangen zu entsprechen?[27]

Jeder Mensch hat ethische Pflichten gegenüber sich selbst und gegenüber seinen Mitmenschen. Von einem anderen Menschen zu verlangen, jemanden zu töten, auch wenn es in einem medizinischen Rahmen und es der eigene Tod ist, verstößt gegen diese Pflichten. Ob der Wunsch des Patienten angemessen ist, ist dabei oft schwer zu beurteilen, denn der Tod ist nicht das Ziel des Patientenwillen, sondern nur ein notwendiges Mittel um den qualvollen Schmerzen verbunden mit den Gefühlen der Angst, Einsamkeit und Nutzlosigkeit zu entfliehen. Werden sterbenskranken Patienten diese Ängste genommen und die Schmerzen angemessen behandelt, erlischt oftmals der Wunsch nach dem Tod.[28] In einem schmerzbelasteten Zustand und in verschiedenen Phasen des Sterbeprozesses, die mit gravierenden Stimmungsschwankungen einhergehen, ist der Patient oft gar nicht entscheidungsfähig. Dabei ist die Zurechnungsfähigkeit für die Zulässigkeit der Sterbehilfe ausschlaggebend. Aber dieses Problem ergibt sich auch bei anderen Sterbehilfeformen, wie zum Beispiel bei der passiven oder indirekten Sterbehilfe. Die Einstellungen des Patienten und die Krankheitsphase sind dieselben und an der Entscheidungsunfähigkeit ändert sich auch in einer solchen Situation, wenn andere legale Sterbehilfeformen praktiziert werden, nichts. Somit ist das Verlangen nach Sterbehilfe oftmals der Wunsch nach einer umfassenden Sterbebegleitung, die dafür sorgt, dass Schmerzen auf das Minimum reduziert und die Versorgung auf das Maximum gesteigert wird.[29] Allerdings spricht dagegen, dass eben nicht alle Schmerzen lahmgelegt werden

---

[27] Grimm, Hillebrand, "Sterbehilfe", S.107.
[28] Grimm, Hillebrand, "Sterbehilfe", S.108f.
[29] Grimm, Hillebrand, "Sterbehilfe", S.107.

können und die maximale palliativmedizinische Versorgung oftmals bedingt durch knappe Ressourcen nicht immer gewährleistet werden kann. Es ist in Krankenhäusern kein seltener Fall, dass Patienten auf normalen Stationen in der Warteschlange versterben, weil die Palliativ-Stationen überfüllt sind. Es kann also durchaus Situationen geben, in denen der Ausweg in der aktiven direkten Sterbehilfe erhofft wird. Darf man diesem ethisch zulässigen und angemessenen Verlangen dann in einer solchen Alternativlosigkeit entsprechen? Auch wenn die Tötung auf Verlangen legitim und angemessen erscheint, ist sie eine „ethisch unzulässige Verfügung über Leben und Tod eines anderen Menschen und ein Verstoß gegen die Würde dieses Menschen".[30] Da im Gegenzug die passive oder indirekte Sterbehilfe in manchen Fällen nicht nur ethisch zulässig, sondern auch geboten ist, wird für die Argumentation erneut der Unterschied zwischen diesen beiden Polen der Sterbehilfeformen herangezogen. Der eine Pol ist die aktive direkte Sterbehilfe, der andere die passive und indirekte Form der Sterbehilfe. Während bei der passiven Sterbehilfe ein Unterlassen der lebensverlängernden Maßnahmen und ein „Geschehenlassen" des Sterbens im Vordergrund stehen, ist zwar die indirekte Sterbehilfe ein aktives Tun, aber nicht im Sinne eines Eingriffes in die körperliche Unversehrtheit des Sterbenden, sondern im Sinne eines Beendens einen solchen Eingriffs. Bei der aktiven direkten Sterbehilfe wird hingegen der Tod durch einen solchen Eingriff in die körperliche Unversehrtheit des Patienten erst bewirkt. Nun muss die Frage gestellt werden, welche der beiden Pole vorzuziehen ist: die aktive Sterbehilfe, bei welcher der Tod sofort nach Ausführung eintritt oder der andere Pol mit passiver und indirekter Strebehilfe, bei welcher der Tod lediglich mit Wahrscheinlichkeit und wenn, meistens mit einer zeitlichen Verzögerung eintritt.[31]

Indirekte Sterbehilfe

Diese Form der Sterbehilfe hat die Leidenslinderung des Patienten im Vordergrund. Es wird in Kauf genommen, dass der Patient – solange es seinem Willen entspricht – durch die Nebenwirkungen der verabreichten Schmerzmittel einen früheren Tod erfährt, ohne die er in seinem Leiden belassen werden würde. Die Intention des Arztes sollte also die Schmerzlinderung sein, aufgrund derer der frühere Tod des Patienten hingenommen werden darf. Es wird dabei eine Grundhaltung vertreten, dass der Patient nicht in seinem unerträglichen

---

[30] Grimm, Hillebrand, "Sterbehilfe", S.111.
[31] Grimm, Hillebrand, "Sterbehilfe", S.113f.

Zustand gelassen wird, um eine minimale Verlängerung seiner Lebenszeit zu erreichen, sondern die Lebensverkürzung wird in Kauf genommen, um seinen Zustand erträglicher zu machen.[32]

Strafrechtliche Aspekte der indirekten Sterbehilfe

Erfolgt der Tod des Patienten aufgrund einer medizinisch indizierten ärztlichen Medikation zur Linderung von Schmerzen, und war diese Todesfolge nicht die Intention des Arztes, so bleibt die Tat straflos.[33] Indirekte Sterbehilfe ist also in Deutschland straflos und wird in allen Krankenhäusern praktiziert. Doch die Intention ist und bleibt eine innere Einstellung und kann von außen nicht mit Sicherheit beurteilt werden. Aber sobald als Intention über die Schmerzlinderung hinaus das absichtliche Töten des Patienten festzustellen ist, treten die Gesetze § 211ff des StGB in Kraft. In der Vorsatzfrage geht es darum, ob der Arzt die durch die Schmerzmedikation bewirkte Lebensverkürzung des Patienten für möglich hält und billigend in Kauf nimmt oder mit sicherer Gewissheit die lebensverkürzende Wirkung der Medikation kennt. Im letzteren Fall wäre die Grenze zur Strafbarkeit überschritten. Da diese Grauzone sehr schmal ist, streiten sich Rechtswissenschaftler darum, ob die im Rahmen einer Schmerzbehandlung sicher im Vorfeld gewusste Lebensverkürzung zur straflosen indirekten Sterbehilfe gezählt werden soll oder zur strafbaren aktiven Sterbehilfe.[34]

Die Abgrenzung dieser beiden Positionen ist in der Praxis jedoch undurchführbar. Es gibt keine Maßstäbe, die zur Objektivierung herangezogen werden können. Die Dosierung der Schmerzmittel ist von Mensch zu Mensch und von Schmerz zu Schmerz unterschiedlich. Es kann sein, dass ein Mensch mit sehr starken Schmerzen durch ebenfalls starke Schmerzmittel nur eine Linderung erhält, während die Wirkung dieser gleichen Dosis der Schmerzmittelgabe das Leben eines anderen Menschen mit geringeren Schmerzen verkürzen würde.

Darüber hinaus stellt sich auch hier die Frage der Humanität: Soll man einem Sterbenden die unerträglichen Schmerzen lassen, nur weil die Schmerzmittelgabe sein Leben sicher verkürzt? Der Begriff „Sterbender" setzt

---

[32] Grimm, Hillebrand, "Sterbehilfe", S.99f.
[33] Grimm, Hillebrand, "Sterbehilfe", S.34f.
[34] Grimm, Hillebrand, "Sterbehilfe", S.35f.

die zeitliche Begrenzung voraus, sodass indirekte Sterbehilfe geleistet werden kann, da der Todeseintritt in kurzer Zeit zu erwarten ist.[35] Nun ist die Frage, ob Todkranken, bei denen eine Heilung ausgeschlossen ist, die unter starken Schmerzen leiden, jedoch nicht für eine absehbare Zeit, sondern in einem Wochen, Monate oder sogar Jahre dauernden Prozess, die indirekte Sterbehilfe verwehrt werden soll. Verletzt der Arzt nicht seine Pflicht, Schmerzen zu lindern, wenn er dies unterlässt, weil der Tod nicht unmittelbar bevorsteht? Laut § 223 StGB würde sich der Arzt bei einer Unterlassung der Schmerzmedikation wegen Körperverletzung strafbar machen.[36] Es sind auch nicht nur Schmerzen, die auf dem letzten Lebensweg die Lebensqualität beeinträchtigen, sondern auch andere Leiden wie Atemnot, Erstickungsangst, unaufhörliche Übelkeit etc. Diese Leiden sollten nach der Bundesärztekammer ebenfalls durch indirekte Sterbehilfe gelindert werden, auch wenn der Tod billigend in Kauf genommen wird.[37]

Die Straflosigkeit der indirekten Sterbehilfe wird von den meisten Rechtswissenschaftlern über die Rechtsfigur des rechtfertigenden Notstands (§ 34 StGB) begründet. Dabei wird eine Güterabwägung zwischen einem Sterben in Würde und einer Erhaltung des Lebens um jeden Preis, das Überwiegen des Schmerzlinderungsinteresses gegenüber der Lebensverkürzung vorgenommen. Diese Abwägung ist an den (mutmaßlichen) Willen des Patienten gekoppelt. Und sein Wille ist immer das Entscheidende in der Sterbehilfedebatte.

§ 223 Körperverletzung[38]

(1) Wer eine andere Person körperlich misshandelt oder an der Gesundheit schädigt, wird mit Freiheitsstrafe bis zu fünf Jahren oder mit Geldstrafe bestraft.

---

[35] Grimm, Hillebrand, "Sterbehilfe", S.39.
[36] Grimm, Hillebrand, "Sterbehilfe", S.40.
[37] Grimm, Hillebrand, "Sterbehilfe", S.40.
[38] Deutsches Strafgesetzbuch.

§ 34 Rechtfertigender Notstand[39]

Wer in einer gegenwärtigen, nicht anders abwendbaren Gefahr für Leben, Leib, Freiheit, Ehre, Eigentum oder ein anderes Rechtsgut eine Tat begeht, um die Gefahr von sich oder einem anderen abzuwenden, handelt nicht rechtswidrig, wenn bei Abwägung der widerstreitenden Interessen, namentlich der betroffenen Rechtsgüter und des Grades der ihnen drohenden Gefahren, das geschützte Interesse das beeinträchtigte wesentlich überwiegt. Dies gilt jedoch nur, soweit die Tat ein angemessenes Mittel ist, die Gefahr abzuwenden.

Ethische Aspekte der indirekten Sterbehilfe

Es ist nicht in Frage zu stellen, ob eine Schmerzlinderung am Lebensende medikamentös erreicht werden soll oder nicht, auch wenn die Gefahr einer Lebensverkürzung besteht. Aber es entsteht eine Grauzone, wenn die Strafbarkeit aufgrund der Intention des Arztes entschieden wird.

Indirekte Sterbehilfe ist insofern aktiv, dass der Tod, anders als bei der passiven Sterbehilfe, durch eine äußere Ursache bewirkt wird. Indirekt ist sie insofern, als dass der Tod nicht erstrebt wird, sondern in Kauf genommen wird aufgrund einer Schmerzlinderung.[40] Es gelten fünf Bedingungen, die erfüllt sein müssen, damit die indirekte aktive Sterbehilfe zulässig ist:

1. Der Patient muss im Sterben liegen.

2. Der Patient muss schwerwiegende Schmerzen haben.

3. Diese Schmerzen können nicht mit anderen weniger lebensverkürzenden Medikamenten gelindert werden.

4. Der Patient muss über die lebensverkürzende Wirkung aufgeklärt worden sein und der Medikamentengabe zustimmen.

5. Die lebensverkürzende Wirkung darf nur in Kauf genommen, nicht aber intendiert werden.

Werden diese Bedingungen erfüllt, ist die indirekte Sterbehilfe sowohl in verschiedenen Gremien als auch in der deutschen Rechtsprechung zulässig.

---

[39] Deutsches Strafgesetzbuch.
[40] Grimm, Hillebrand, "Sterbehilfe", S.100.

Allerdings besteht Uneinigkeit darüber, ob man die Absicht des Arztes, Schmerzen zu lindern oder den Tod des Patienten herbeizuführen, objektiv feststellen kann.[41]

Für die ethische Zulässigkeit dieser Sterbehilfeform werden zwei Konzepte vorgebracht: Das Güterabwägungskonzept und das Doppelwirkungskonzept. In dem Ersteren werden die Güter Freiheit von Schmerz und Leben gegeneinander gewogen. Überwiegt der Wunsch des Patienten, einen schmerzfreien aber kürzeren Sterbeprozess zu führen als unter schwerwiegenden Schmerzen den Sterbeprozess zu verlängern und damit länger am Leben erhalten zu werden, dann ist die Schmerzmittelgabe unter Inkaufnahme einer Lebensverkürzung ethisch zulässig.[42] In dem Doppelwirkungskonzept ist eine ethisch schlechte Wirkung dann in Kauf zu nehmen, wenn eine ethisch gute Wirkung beabsichtigt wird. Dabei ist eben wichtig, dass die ethisch gute Wirkung beabsichtigt wird, und nicht die schlechte. Lebensverkürzung wird also nicht beabsichtigt, sondern aufgrund des Wunsches der Schmerzfreiheit in Kauf genommen.[43] Aber wie kann die tatsächliche Intention des Arztes objektiviert werden? Man kann ja nicht in den Kopf des Arztes schauen, um seine wirkliche Intention zu erkennen. Die Objektivierung der Absicht wird von Skeptikern in Frage gestellt. Durch Forschungen in der Palliativmedizin können Wirkungen auf bestimmte Dosierungen von Schmerzmitteln berechnet werden. So kann man mit Blick in die protokollierte Krankenakte anhand der Dosierung feststellen, ob ein Tod intendiert wurde oder nur die Schmerzfreiheit. Jedoch wissen die Ärzte sehr wohl, wo ihre Grenzen sind. Dementsprechend kann die Absicht der Tod sein, aber die Grenzen der Dosierung können so eingehalten werden, dass es so scheint, als wäre nur eine Schmerzlinderung intendiert. Zumal einige Patienten unter starken Schmerzen einfach mehr Schmerzmittel brauchen. Und diese subjektiven Schmerzen im Nachhinein objektiv zu beurteilen ist eine Sache der Unmöglichkeit. So bleibt es auch ein Stück weit dem Arzt und seinem Gewissen überlassen, mit welcher Absicht er die Schmerzmittel verabreicht. Es bleibt eine Grauzone, da viele indirekte Sterbehilfefälle nicht gemeldet werden. Viele Ärzte sprechen von Schmerzlinderung, meinen aber die Indizierung des Sterbeprozesses.

---

[41] Grimm, Hillebrand, "Sterbehilfe", S.100f.
[42] Grimm, Hillebrand, "Sterbehilfe", S.101f.
[43] Grimm, Hillebrand, "Sterbehilfe", S.101.

Passive Sterbehilfe

Unter „passiver Sterbehilfe" ist das Sterbenlassen schwerkranker, leidender oder irreversibel komatöser Menschen durch Verzicht auf lebensverlängernde Maßnahmen zu verstehen. Wenn „passive Sterbehilfe" bei Patienten, die eine fortschreitende und nicht mehr zu heilende Krankheit haben, angewandt wird, ist die Therapie auf Wunsch des Patienten dahingehend zu ändern, dass auf lebensverlängernde Maßnahmen verzichtet wird. Es ist nicht mehr die kurative Therapie im Vordergrund, die auf ein Heilen der Krankheit abzielt, sondern eine palliative. D.h. die Linderung von Beschwerden Schwerstkranker wird zum Ziel. Dabei kann man die passive Sterbehilfe wiederum in drei Formen[44] einteilen:

1. Therapieverzicht: Verzicht z.b. auf Reanimation, Dialysebehandlung oder Antibiotikagabe.

2. Therapieabbruch: Bei dieser Form der passiven Sterbehilfe wird bspw. ein Beatmungsgerät abgeschaltet oder eine Behandlung mit künstlicher Ernährung abgebrochen.

3. Therapiereduktion: Kreislaufunterstützende Maßnahmen werden reduziert.

Die Intention der passiven Sterbehilfe ist es, dem Sterben nicht mehr im Wege zu stehen, sondern das Sterbenlassen und das Akzeptieren der Endlichkeit der Menschen.

Auch hier entsteht eine Problematik, die die Grenze zwischen strafbarer aktiver Sterbehilfe und strafloser passiver Sterbehilfe hauchdünn hält. Es wird darüber diskutiert, wie ein aktives Tun, z.B. das Abstellen eines Beatmungsgerätes, passiv sein kann. Es muss unterschieden werden ob der Schwerpunkt beim aktiven Tun oder passiven Unterlassen liegt. Auch ist der Gesichtspunkt der Humanität entscheidend: Kann es humaner sein, den Patienten langsam verhungern oder verdursten zu lassen oder ihm eine den Tod schneller herbeiführende Spritze zu verabreichen? Das Ergebnis sowohl der passiven als auch der aktiven Sterbehilfe ist das gleiche: Der Tod des Patienten. Ist also der Zeitpunkt des Todeseintrittes entscheidend, ob eine Handlung strafbar ist oder straflos bleibt? Und noch weiter: Darf der Mensch überhaupt den Todeszeitpunkt aktiv beeinflussen?

---

[44] Junginger, T., u.a., *Grenzsituationen in der Intensivmedizin: Entscheidungsgrundlagen*, Berlin, Heidelberg 2008, S. 74f.

Strafrechtliche Aspekte der passiven Sterbehilfe

Rechtslage: Selbstbestimmungsrecht des Patienten

Die Rechtmäßigkeit der passiven Sterbehilfe gründet auf dem Selbstbestimmungsrecht des Patienten. Die Unterlassung lebensverlängernder Maßnahmen muss also auf dem (mutmaßlichen) Willen beruhen. Wird eine Unterlassung gegen den Willen ausgeführt, handelt es sich dabei um Tötung. Dabei fokussiert sich die Diskussion auf die Grundrechte, die jeder Mensch hat, in besonderer Weise auf folgende Artikel des deutschen Grundgesetzes:

Artikel 1[45]

(1) Die Würde des Menschen ist unantastbar. Sie zu achten und zu schützen ist Verpflichtung aller staatlichen Gewalt.

Artikel 2

(1) Jeder hat das Recht auf die freie Entfaltung seiner Persönlichkeit, soweit er nicht die Rechte anderer verletzt und nicht gegen die verfassungsmäßige Ordnung oder das Sittengesetz verstößt.

(2) Jeder hat das Recht auf Leben und körperliche Unversehrtheit. Die Freiheit der Person ist unverletzlich. In diese Rechte darf nur auf Grund eines Gesetzes eingegriffen werden.

Jeder Mensch hat das Recht auf eine körperliche Unversehrtheit und besitzt ein allgemeines Selbstbestimmungsrecht. Diese Verbindung ermöglicht es dem Patienten, eine Behandlung zu verweigern oder abzubrechen. Denn jede medizinische Behandlung ist ein Eingriff in die körperliche und gegebenenfalls psychische Integrität des Patienten. Und so ist jede Behandlung an die Einwilligung des Patienten gekoppelt. Handelt der Arzt gegen diese Einwilligung, macht er sich laut §§ 223, 224 StGB strafbar.[46] Bei einem Notfall kann ganz klar auf diese Zustimmung verzichtet werden, sofern keine sicheren Daten vorliegen, dass der Patient seine Zustimmung verweigern würde. Entscheidend ist dabei, ob der Patient zum Zeitpunkt der Entscheidung in der Lage ist, über die Folgen des Behandlungsabbruchs ernstlich, freiverantwortlich und einsichtig zu urteilen. Dieses Selbstbestimmungsrecht reicht, um auch aus

---

[45] Deutscher Bundestag (Hrsg.), *Grundgesetz für die Bundesrepublik Deutschland*, Berlin 2001, S.14.
[46] Grimm, Hillebrand, "Sterbehilfe", S.47.

objektiver Sicht unvernünftiges oder unverantwortliches Verlangen des Patienten zu verantworten. Denn jeder Eingriff, auch wenn der Patient dadurch länger leben könnte, ist ein Eingriff in die Freiheit und Würde der menschlichen Persönlichkeit.

Rechtslage bei Abbruch einer technisch unterstützenden Heilbehandlung

Bisher war die Rede von Behandlungsabbrüchen, die nicht unmittelbar zum Tod führen. Das Sterben soll nicht aufgehalten und das Leben nicht unnötig verlängert werden. Bei einem Abbruch einer technisch unterstützenden Behandlung verlagert sich die Problematik aber erheblich ins aktive Tun, nämlich das Abschalten eines Gerätes, z.B. eines Beatmungsgerätes, so dass die Grauzone zwischen passiver Sterbehilfe zum Töten auf Verlangen immer dünner wird. Die Rechtsprechung unterscheidet zwischen dem aktiven Tun oder dem Unterlassen, je nachdem wo der Schwerpunkt des strafrechtlich relevanten Verhaltens liegt. So ist der Abbruch einer technisch unterstützenden Heilbehandlung seinem Schwerpunkt nach ein Unterlassen der weiteren Behandlung und somit als straflose passive Sterbehilfe zu bewerten. Das Abschalten des Gerätes sei gleichzusetzen mit einer Beendigung der manuellen Herzmassage. Da im Letzteren ebenfalls von einer Unterlassung und nicht von einem aktiven Tun gesprochen wird, sei das Abschalten des Gerätes eine passive Sterbehilfe.[47]

Einen besonderen Fall stellt der Abbruch der künstlichen Ernährung dar, da durch diesen Abbruch nicht die Krankheit des Patienten den Tod bewirkt, sondern der Nahrungsentzug. Die Rechtsprechung sieht diesen Fall, genauso wie das Abschalten des Beatmungsgerätes, nicht als strafbare aktive, sondern als straflose passive Sterbehilfe an, denn aufgrund seiner Krankheit kann der Patient ja sich nicht mehr ernähren. Zumal der Patient jederzeit eigenverantwortlich entscheiden darf, ob er weiterhin ernährt werden möchte oder nicht. Nahrung und Atemluft gehören zu den Grundbedürfnissen des Menschen und sollten beim Abbruch der künstlichen Nahrung sowie der künstlichen Beatmung vom Stellenwert her gleichbehandelt werden.[48]

---

[47] Grimm, Hillebrand, "Sterbehilfe", S.54f.
[48] Grimm, Hillebrand, "Sterbehilfe", S.57.

Rechtslage der passiven Sterbehilfe bei aktuell nicht entscheidungsfähigen Patienten

Nun wurde das Selbstbestimmungsrecht des Patienten als Bedingung für die Entscheidung über einen Behandlungsabbruch genommen. Es gibt aber Situationen, in denen der Patient nicht mehr entscheiden kann. Wie sind diese Fälle zu beurteilen? Hier werden zwei Zeitpunkte unterschieden und zwar der Moment während eines Sterbeprozesses und der vor Beginn des Sterbeprozesses. Wenn der Sterbeprozess einsetzt, ist es dem Arzt möglich, auf Grundlage einer antizipierten Willenserklärung lebensverlängernde Maßnahmen zu beenden. Während der Sterbephase ist das Ziel der Therapie nicht auf Heilung gerichtet, sondern auf eine palliative Versorgung des Sterbenden. Wird oder ist der Patient vor Beginn der Sterbephase nicht entscheidungsfähig, so muss anhand früherer mündlicher oder schriftlicher Äußerungen, religiöser Überzeugungen oder anderer Wertvorstellungen der mutmaßliche Wille des Patienten ermittelt werden. Gelangt man zu keinem eindeutigen Ergebnis, so darf auf allgemeine überindividuelle Wertvorstellungen zurückgegriffen werden. Dabei ist zu erwägen, ob bei einem Zustand mit irreversiblem vollständigem Bewusstseinsverlust eine Therapie dem Patienten zugemutet werden darf. Dabei gilt, dass „je weniger die Widerherstellung eines nach allgemeinen Vorstellungen menschenwürdigem Lebens zu erwarten ist und je kürzer der Tod bevorsteht, umso eher wird ein Behandlungsabbruch vertretbar erscheinen".[49]

Ethische Aspekte des Selbstbestimmungsrechts des Patienten

Wie bereits erwähnt, gehört das Selbstbestimmungsrecht zur unantastbaren Würde des Menschen. Es stellt sich aber die Frage, ob dieses Prinzip der Autonomie verabsolutiert werden darf? Das Recht auf Selbstbestimmung ist ethisch begründet und begrenzt, und schließt außerdem neben der Verantwortung für sich selbst auch die Verantwortung für andere mit ein. Daher darf das Prinzip der Autonomie nicht verabsolutiert werden. Die Bindung von Würde an ein Autonomiekonzept ist höchst problematisch. Denn diese Bindung erlaubt es, die Individualität mit völliger Unabhängigkeit zu verwechseln und außerdem „jede Form der Abhängigkeit, der Hilfsbedürftigkeit und Angewiesenheit auf andere als narzisstische Kränkung"[50] zu erleben. Mit diesem Autonomieverständnis wird Leiden und Schwäche als menschenunwürdig

---

[49] Grimm, Hillebrand, "Sterbehilfe", S.60.
[50] Körtner, "Therapieverzicht am Lebensende?", S.18.

empfunden und als menschenwürdig ein selbstbestimmtes Sterben.[51] Doch diese Verknüpfung gilt es gerade in der heutigen technisierten Welt zu hinterfragen. Je mehr Eigenverantwortung wir aufgeladen bekommen, desto autarker werden wir und desto weniger Schwäche können wir zeigen. Und so wie wir unser Leben selbstbestimmend und eigenverantwortlich gestalten, so möchten wir dies auch am Ende unseres Lebens tun. Möglichst unabhängig von Angehörigen, der Gesellschaft und der Religion. Dies führt dazu, dass wir dann, gerade wenn es darauf ankommt, so wenig wie möglich auf andere angewiesen sein möchten, und dass wir auch weniger bereit sind für andere da zu sein, wenn sie uns brauchen. Doch schaden wir uns mit dieser Haltung nicht selber? Es gilt mehr denn je zu akzeptieren, dass wir keine auf sich allein gestellten Übermenschen sind, sondern dass die Natur den Menschen als zoón politikon[52] geschaffen hat, um auf andere angewiesen zu sein. Mit dieser Akzeptanz wird es auch leichter fallen, sich am Lebensende anderen zu überlassen, ohne die eigene Individualität zu verlieren.

Ein weiteres Argument gegen die Verabsolutierung des Selbstbestimmungsrechts ist, dass diesem Recht Grenzen aufgesetzt werden müssen, wenn damit unethische Forderungen impliziert werden. Von einem Arzt zu verlangen, einen Patienten zu töten, geht dieses Verlangen auch noch so sehr vom Patienten selber aus, ist sein Leiden auch noch so unerträglich, ist dies eine unethische Forderung. D.h. mit dem Selbstbestimmungsrecht können persönliche Überzeugungen und Werthaltungen und Willen, welche mit dem Behandlungsverzicht einhergehen, respektiert werden, aber nicht ein Wille, der einen anderen Menschen töten lässt.[53]

Ethische Aspekte der passiven Sterbehilfe

Es herrscht Konsens darüber, dass passive Sterbehilfe ethisch und rechtlich zulässig ist. Dies gilt auch für den Fall, dass das Leben des Patienten durch die Ablehnung der medizinischen Maßnahmen verkürzt wird. Wichtig ist, dass der Verzicht durch den Willen und somit, wie bereits erwähnt, mit dem

---

[51] Körtner, "Therapieverzicht am Lebensende?", S.18f.
[52] Nach Brockhaus (Hrsg.),Art. "Zoon Politikon", in: *Brockhaus Enzyklopädie in vierundzwanzig Bänden*, Band 24 (1994), S.594: Vom griechischen (ζῷον πολιτικόν), "Lebewesen in der Polisgemeinschaft". Ist eine auf den antiken griechischen Philosophen Aristoteles zurückgehende Wesensbestimmung des Menschen. Sie besagt, dass der Mensch ein soziales, auf Gemeinschaft angelegtes Lebewesen ist.
[53] Körtner, "Therapieverzicht am Lebensende?", S.18f.

Selbstbestimmungsrecht des Patienten begründet werden kann. Zu den medizinischen Maßnahmen gehören hierbei u.a. ein technischer Behandlungsabbruch oder die Einstellung der künstlichen Ernährung. Diese beiden Behandlungsarten werden insbesondere in der Sterbehilfedebatte diskutiert. Bei einem Behandlungsabbruch durch z.b. Ausschalten des Beatmungsgerätes wird, wie bereits erwähnt, die Grenze zwischen passiver und aktiver Sterbehilfe sehr eng, so ist doch das Abschalten mit einem aktiven Tun verbunden.[54] Es liegt der Schluss nahe, dieses aktive Tun mit aktiver Sterbehilfe zu verwechseln und im Hintergrund des Gesetzes „Tötung auf Verlangen" mit Strafbarkeit zu verbinden. Dieses Abschalten stellt aber, auch wenn es durch ein aktives Tun verbunden wird, ein passives „Geschehenlassen" des Sterbeprozesses dar. Es wird in diesem Zusammenhang oftmals vorgeworfen, dass einmal begonnene lebenserhaltende Maßnahmen auch fortgeführt werden müssten, denn sonst wäre es eben aktive Sterbehilfe. Aber es geht auch beim Abschalten eines Gerätes um den (mutmaßlichen) Willen des Patienten. Eine Maßnahme wird in Notsituationen ohne Einholung der Zustimmung eingeleitet, weil Ärzte schnell und ihrem Vorsatz entsprechend lebenserhaltend handeln müssen. Erst nach eingehender Diagnostik und infauster[55] Prognose stellt sich die Frage, wie der (mutmaßliche) Wille des Patienten in einer solchen Situation gewesen wäre oder schriftlich festgehalten ist. Wenn der Wille des Patienten einem Verzicht lebenserhaltender Maßnahmen entspricht, so muss diese Aufforderung bindend sein und zur Pflicht werden. Diese Auffassung spiegelt sich in der deutschen Rechtsprechung wieder.[56]

Der Verzicht auf Ernährung ist insofern problematisch, als dass Gegner damit argumentieren, durch die Einstellung der künstlichen Ernährung werde der Tod des Patienten verursacht. Dem ist aber entgegenzuhalten, dass der Tod nicht durch die Nahrungseinstellung eintreten würde. Die krankheitsbedingte Unfähigkeit, sich natürlich zu ernähren, würde ohne künstliche Ernährung den Tod des Patienten zur Folge haben. Außerdem ist die künstliche Ernährung

---

[54] Grimm, Hillebrand, "Sterbehilfe", S.92f.
[55] Nach Psychrembel, "infaust", in: *Pschyrembel – Klinisches Wörterbuch*, S. 790: Bei einer infausten (=aussichtslosen) Prognose ist eine Heilung in der Regel nicht mehr möglich.
[56] Grimm, Hillebrand, "Sterbehilfe", S.95f.

oftmals aus medizinischer Sicht kontraindiziert, da sie in einem gewissen Krankheitsstadium zu ungeheuren Belastungen führt.[57]

Ethische Aspekte der passiven Sterbehilfe bei aktuell nicht entscheidungsfähigen Patienten

Hier konzentriert sich die Argumentation auf die passive Sterbehilfe, d.h. auf den Verzicht von lebenserhaltenden Behandlungen. Wie bereits erwähnt, ist passive Sterbehilfe gegen den Willen des Patienten ethisch unzulässig und gesetzlich verboten. Die Zulässigkeit hängt davon ab, ob es dem Patientenwillen entspricht. Die Problematik ist jedoch die, den Willen des Patienten festzumachen. Wie soll gehandelt werden, wenn der Wille schriftlich in Form einer Patientenverfügung vor der Entscheidungsunfähigkeit festgehalten wurde, wenn sich der mutmaßliche Wille durch persönliche Äußerungen und Lebensgestaltung herausfinden lässt oder wenn es überhaupt keine Anhaltspunkte für den Patientenwillen gibt? An diese Frage sind Bedingungen geknüpft: Der Wille des Patienten auf Behandlungsverzicht muss angemessen, einsichtig und freiverantwortlich geäußert worden sein, der Krankheitszustand muss konkret benannt werden und mit der aktuellen Situation übereinstimmen und es darf keine Anhaltspunkte zur Willensänderung vorliegen.[58] Diese sind für Kritiker notwendige Bedingungen, aber nicht hinreichend, um die Legitimität für die passive Sterbehilfe zu beanspruchen.[59] Vor allem in dem Punkt, dass der Wille sich geändert haben könnte, sind sich alle Gegner einig. Auch wenn es keinen Anhaltspunkt für eine Willensänderung gibt, so kann objektiv bei einem Menschen, der sich nicht mehr äußern kann, nie mit Sicherheit der aktuelle Wille festgestellt werden. Es bleibt immer im Ermessen anderer Personen, darüber zu entscheiden, ob der Wille noch aktuell ist oder nicht. Die Gefahr besteht aufgrund steigender Sparmaßnahmen im Gesundheitswesen, dass der aktuelle Wille, bei Vorhandensein von Patientenverfügungen oder dem mutmaßlichen Willen, gar nicht mehr hinterfragt wird. Viel zu schnell können Sterbehilfemaßnahmen eingeleitet werden mit irreversiblen Folgen.[60] Befürworter argumentieren, dass die Patienten auch im Falle einer Entscheidungs- und Äußerungsunfähigkeit einen Anspruch auf

---

[57] Grimm, Hillebrand, "Sterbehilfe", S.97f.
[58] Grimm, Hillebrand, "Sterbehilfe", S.147.
[59] Grimm, Hillebrand, "Sterbehilfe", S.148.
[60] Grimm, Hillebrand, "Sterbehilfe", S.151.

Selbstbestimmungsrecht und auf körperliche Unversehrtheit haben, sofern sie das wünschen.[61] Nun ergänzen einige die notwendigen Bedingungen für einen Behandlungsverzicht nach Wunsch des Patienten um den Aspekt, dass die Krankheit des Patienten einen irreversiblen tödlichen Verlauf angenommen hat. Verfechter dieser Ergänzung stützen ihren Aspekt eben gerade darauf, dass der aktuelle Wille nie mit Sicherheit vorausgesagt werden kann. Bei einem in zeitlich unmittelbarer Nähe tödlich endenden Krankheitsverlauf wird dem Patienten seinem Wunsch auf Behandlungsverzicht entsprechend aufgrund des baldigen Todeseintrittes keine Lebensspanne vorenthalten. Doch die Zulässigkeit des Behandlungsverzichtes nur auf diejenigen Patienten einzuschränken, die sowieso in unmittelbarer Nähe sterben werden, vergisst eine große Patientengruppe, die recht früh ohne im Sterben zu liegen in eine Entscheidungsunfähigkeitsphase übertreten: Die an fortgeschrittener Demenz Erkrankten oder an irreversiblen Bewusstseinsverlust Leidenden. Die ethische Zulässigkeit soll laut einer weiteren Gruppe auch in diesen Fällen gegeben sein.[62] Komplizierter wird es, wenn kein formell eindeutiger Patientenwille festgehalten wurde. So muss über Anhaltspunkte der Wille des Patienten herausgefunden werden. Es ist in diesem Zusammenhang schwierig, den Willen des Patienten von dem der Angehörigen zu unterscheiden. Oftmals äußern Angehörige ihren eigenen Willen, da sie mit der Situation überfordert sind oder aus anderen egoistischen Gründen handeln. Es ist nicht einmal eine böse Absicht, welche dahinter steckt. Studien zufolge, stimmt die Entscheidung des Patienten mit der Einschätzung der Angehörigen nur insoweit überein, wie es bei zufälligen Einschätzungen zwischen sich nicht kennenden Personen ebenfalls ersichtlich war. Das heißt also, dass Angehörige sich täuschen können, was den mutmaßlichen Willen des Patienten angeht. Es ist wichtig, sich dabei also nicht nur auf Angehörige zu verlassen, sondern nach zusätzlichen Anhaltspunkten zu suchen. Sei es in schriftlicher oder mündlicher Form, sei es in Gesprächen mit Freunden, Ärzten, Arbeitskollegen etc. Ganz schwierig wird es, wenn es gar keine Äußerungen als Anhaltspunkte gibt. So kann man sich dann nur auf die Lebensphilosophie stützen, sei es die Religion oder Ähnliches.[63]

---

[61] Grimm, Hillebrand, "Sterbehilfe", S.150.
[62] Grimm, Hillebrand, "Sterbehilfe", S.148f.
[63] Grimm, Hillebrand, "Sterbehilfe", S.148f.

Patientenverfügung

Aus Angst vor der Situation am Lebensende entscheidungsunfähig zu sein und nicht bestimmen zu können, wie die Sterbephase gestaltet wird, verfassen viele einsichts- und urteilsfähige Menschen Patientenverfügungen. Patientenverfügungen sind dabei Vorausverfügungen, die dem Arzt Anweisungen über den Vorzug oder den Verzicht bestimmter medizinischer Maßnahmen geben sollen. Es können also die Beendigung oder die Nichtvornahme lebensverlängernder Maßnahmen oder aber auch bestimmte Medikationsgaben, z.B. Schmerzmedikation, Inhalt der Patientenverfügungen sein. Mit dem Abfassen einer Patientenverfügung können also grundsätzlich Maßnahmen der passiven oder der indirekten Sterbehilfe gewünscht werden.[64]

Laut dem Bundesgerichtshof[65] sind Patientenverfügungen rechtlich verbindlich, denn diese lassen den Patientenwillen fortwirken.[66] Doch dieser Beschluss ist nicht unumstritten. Es gibt keine pauschal festlegte Form einer Patientenverfügung, empfohlen wird aber eine schriftliche und durch ärztliche Beratung vorgenomene Verfügung, die jederzeit durch den Patienten widerrufen werden kann. Durch die fehlende gesetzliche Regelung sind inhaltliche Reichweite und die Verbindlichkeit von Patientenverfügungen umstritten. Während nach dem BGHs-Beschluss die Patientenverfügung nur Gültigkeit beanspruchen kann bei Grundleiden, die einen irreversiblen tödlichen Verlauf angenommen haben, wird eben diese Forderung kontrovers diskutiert. Denn es sind ja gerade die Grundleiden, die nicht unmittelbar zum Tode führen, wie z.B. Wachkoma, Demenz etc., wogegen sich Patienten mit einer nicht lebensverlängernden Maßnahme absichern möchten. Diese Einschränkung des BGH wäre mit dem Selbstbestimmungsrecht des Patienten nicht vereinbar.[67]

Das Kernproblem von Patientenverfügungen liegt in der Frage nach ihrer Verbindlichkeit. Gegen die Gleichstellung der Vorausverfügungen mit aktuellen Willensäußerungen hinsichtlich der rechtlichen Verbindlichkeit wird grundsätzlich vorgebracht, dass die gedankliche Antizipation einer existentiellen Grenzsituation nicht vergleichbar sei mit dem unmittelbaren Erleben einer

---

[64] Grimm, Hillebrand, "Sterbehilfe", S.71f.
[65] Im Folgenden mit BGH abgekürzt.
[66] Oduncu, F. S., *In Würde sterben – Medizinische, ethische und rechtliche Aspekte der Sterbehilfe, Sterbebegleitung und Patientenverfügung*, Göttingen 2007, S.52f.
[67] Oduncu, *In Würde sterben*, S. 52f.

solchen Situation.[68] Ein hauptsächliches Problem stellt das Verständnis der eigenen Lebensqualität dar. Mit der Zeit verändern sich Gegebenheiten und wir setzen immer andere Prioritäten und angesichts einer schnell voranschreitenden Krankheit müssen Prioritäten immer wieder neu definiert werden. Nun ist es äußerst schwierig, in einer vollkommen anderen Situation die eigene Lebensqualität und die eigenen Prioritäten für die eventuell in der Zukunft auftretende Situation festzulegen. Patientenverfügungen erfordern von Menschen, sich in eine andere Zeit zu versetzen, in eine Situation, die sie sich womöglich kaum ernsthaft vorstellen können. In dieser Zukunftsprojektion werden Entscheidungen über eventuelle Behandlungsmaßnahmen getroffen. Diese Entscheidungen haben sicher in dem Moment der Erfassung vollste Gültigkeit, jedoch verändern wir uns im Laufe unseres Lebens, wir entwickeln uns und werden zu Menschen mit anderen Erwartungen und Bedürfnissen.[69] Der Patient könnte zwischenzeitlich seinen schriftlich niedergelegten Willen geändert, aber ihn in seiner Patientenverfügung nicht widerrufen haben. Deshalb empfiehlt sich eine regelmäßige Aktualisierung der Patientenverfügung. Wobei auch da wiederum eine endgültige Legitimation verwehrt bleibt, denn sobald die Reihe der Aktualisierung unterbrochen wird, da sie z.B. vergessen wurde, wird in Frage gestellt, ob der Wille in der Patientenverfügung wirklich den aktuellen Willen widerspiegelt. Außerdem ist die Frage zu stellen, ob einem Patienten, der sich in einem Wachkoma befindet, die Urteilsfähigkeit zugesprochen werden kann, bzw. ob dieser Wunsch einen höheren Stellenwert hat, als der bei Abwesenheit von Krankheit abgefasste Wille. Um eine Eindeutigkeit des Willens beurteilen zu können, wenn der Patient sich dazu nicht mehr einsichtig äußern kann, müssen Patientenverfügungen juristisch korrekt abgefasst sein, d.h. situationsgenau mit eindeutigen medizinischen Indikationen, in Verbindung mit Gesprächen im Kreis der Familie und einer Vorsorgevollmacht.[70]

Beihilfe zum Suizid

Der wesentliche Unterschied zu den anderen Sterbehilfeformen besteht darin, dass die Handlung vom Patienten selbst durchgeführt wird. Die Beihilfe zum Suizid ist das Fördern, Ermöglichen oder das nicht Verhindern der Selbsttötung

---

[68] Oduncu, *In Würde sterben*, S. 55f.

[69] O'Brien, T., "Was ist Palliativpflege", in: LIT Verlag (Hrsg.), *Euthanasie Band 1 – Ethische und menschliche Aspekte*, Münster 2005, S.81.

[70] Oduncu, *In Würde sterben*, S. 55f.

eines erwachsenen zurechnungsfähigen Menschen, aber nicht die Tötung des Patienten.

Es ist in Deutschland straflos, wenn man einem Lebensmüden einen Strick, eine Waffe oder Gift hinstellt, solange der Patient nicht psychisch krank ist und den letzten Akt der Tötung selbstständig durchführt. Eine Bedingung, dass die Beihilfe zum Suizid straflos bleibt, ist, dass der Patient den Willen geäußert hat, auf diese Weise zu sterben. Jedoch besteht in der Regel Rettungspflicht, wenn der Helfende bei Bewusstlosigkeit des Patienten in der Nähe des Patienten ist. Natürlich ist es auch hier problematisch, die Trennlinie zwischen Strafbarkeit und Straflosigkeit klar zu markieren. Denn woher weiß der Helfende, dass der Suizident nicht doch psychisch krank ist? Was passiert mit denjenigen Patienten, die nicht mehr in der Lage sind, diesen letzten Akt selbstständig durchzuführen? Liegt hier nicht eine Ungerechtigkeit vor?[71]

Strafrechtliche Aspekte der Beihilfe zum Suizid

Suizid als die ultimative Verfügung über das eigene Leben wird in Deutschland nicht als Tötungsdelikt sanktioniert. So ist die Beihilfe zum Suizid ebenfalls grundsätzlich nicht strafbar. Denn nach § 27 des StGB wird als Gehilfe bestraft, wer vorsätzlich einem anderen zu dessen vorsätzlich begangener rechtswidrigen Tat Hilfe geleistet hat. Die Strafbarkeit des Teilnehmers ist insofern von der Rechtswidrigkeit der Haupttat abhängig. Und im Falle des Suizids ist die Haupttat straffrei, somit auch die Beihilfe. Allerdings kann die Beihilfe zum Suizid im Praktischen zu erheblichen Abgrenzungsproblemen zwischen der straflosen Teilnahme am Suizid und der strafbaren Fremdtötung führen.[72] Es stellt sich hierbei die Frage, was für ein Ausmaß die Hilfe haben darf, um noch als straflose Beihilfe zum Suizid eines anderen zu sein bzw. an welchem Punkt die straflose Hilfeleistung in Fremdtötung übergeht. In der rechtswissenschaftlichen Literatur ist hierbei nicht die Herrschaft über das gesamte zum Tod führende Geschehen ausschlaggebend für die rechtliche Beurteilung, sondern allein die „Herrschaft über den todbringenden Moment". Selbstmord begeht demnach der, der in diesem einen Moment, von dem aus es kein Zurück mehr gibt, die Entscheidung über sein Leben bzw. Tod in seiner eigenen Macht hat, der somit diese Grenzlinie selbst überschreitet. Wenn der

---

[71] Grimm, Hillebrand, "Sterbehilfe", S.24f.
[72] Grimm, Hillebrand, "Sterbehilfe", S.24f.

Vollzug des letzten Schrittes dagegen einem anderen anvertraut wird, wenn der Sterbewillige sozusagen über diese Grenzlinie gestoßen wird, spricht man von Tötung auf Verlangen. Im Falle der Gifteinnahme, wäre also der entscheidende Moment die Einnahme des Giftes, ob nun dabei der Becher nur hingestellt oder einem bis an die Lippen gereicht wird, ist dabei nicht ausschlaggebend. Wenn der Sterbewillige das Gift selbst einnimmt, ist der Helfer zum Suizid auch entlastet, nach Eintritt der Bewusstlosigkeit lebensrettende Maßnahmen einzuleiten.[73]

Die deutsche Rechtsprechung bewertet aber im Gegensatz zu Vertretern der Rechtswissenschaft nicht nur den todbringenden Moment, sondern das Gesamtgeschehen, also auch die Phase der Bewusstlosigkeit. Das bedeutet, dass in dem Moment, in dem der Sterbewillige das Bewusstsein und damit auch die Tatherrschaft verliert, diese grundsätzlich auf den zum Suizid Helfenden übergeht, so dass dieser dann verpflichtet ist, lebensrettende Maßnahmen einzuleiten. Wenn er dies versäumt, kann er wegen Totschlags oder Tötung auf Verlangen belangt werden. Sobald die Grenzlinie zum Tod betreten wird, folgt in den meisten Fällen eine Bewusstlosigkeit oder zumindest eine Handlungsunfähigkeit. Und genau in dem Moment müsste der Helfende, da die Tatherrschaft auf ihn übergeht, laut § 323c lebensrettende Maßnahmen einleiten. D.h. wiederum, dass die straflose Beihilfe in den meisten Fällen nahezu ausgeschlossen ist.[74]

§ 323c Unterlassene Hilfeleistung[75]

Wer bei Unglücksfällen oder gemeiner Gefahr oder Not nicht Hilfe leistet, obwohl dies erforderlich und ihm den Umständen nach zuzumuten, insbesondere ohne erhebliche eigene Gefahr und ohne Verletzung anderer wichtiger Pflichten möglich ist, wird mit Freiheitsstrafe bis zu einem Jahr oder mit Geldstrafe bestraft.

Ethische Aspekte der Beihilfe zum Suizid

Beihilfe zum Suizid unterscheidet sich wie bereits erwähnt von den anderen Sterbehilfeformen dadurch, dass der Tod des Sterbehilfe-Empfangenden durch

---

[73] Grimm, Hillebrand, "Sterbehilfe", S.27f.
[74] Grimm, Hillebrand, "Sterbehilfe", S.26f.
[75] Deutsches Strafgesetzbuch.

ihn selbst und nicht durch einen Sterbehilfe-Leistenden herbeigeführt wird. So scheint Legitimität gewährleistet zu sein. Die Frage ist, ob ein Mensch um eines friedlicheren Endes willen – sei es wegen einer unheilbaren Krankheit oder grundlos – sich selbst töten darf. Dagegen spricht, dass jeder Mensch ethische Pflichten gegenüber sich selbst, den Mitmenschen und – wenn man religiös ist – gegenüber Gott hat, die er nicht verletzen sollte. Hervorheben möchte ich die ethischen Pflichten gegenüber sich selbst und den Mitmenschen, außen vor lassen möchte ich den Gottesaspekt, denn Verbindlichkeit kann dieser nur für diejenigen Menschen beanspruchen, die auch an einen Gott glauben. Was können also diese Pflichten gegen sich selbst oder gegen andere sein? Nach Kant bedient sich derjenige seiner selbst, der sich selbst tötet, „um einem beschwerlichen Zustand zu entfliehen (…) bloß als eines Mittels zur Erhaltung eines erträglichen Zustandes bis zum Ende des Lebens"[76]. Nach seinem Imperativ

„Handle so, dass du die Menschheit sowohl in deiner Person, als in der Person eines jeden andern jederzeit zugleich als Zweck, niemals bloß als Mittel brauchest"[77]

entwürdigt sich der Mensch damit selbst als Mensch und setzt sich gleich mit einer Sache, die man als Mittel gebrauchen kann. Kant zufolge verstößt der Mensch gegen die Menschenwürde immer dann, wenn ein Mensch nicht als Zweck, sondern als bloßes Mittel benutzt wird. Nach Aristoteles ist der Mensch ein Gemeinschaftswesen und somit versündigt sich derjenige, der sich selbst tötet, primär am Gemeinwesen.[78] Doch die Frage lautet für Kritiker dieses Argumentes, ob Menschen mit einer Todesdiagnose und Schmerzen überhaupt in der Lage sind, die Pflichten gegenüber sich und vor allem anderen Mitmenschen wahrzunehmen.[79] Wir brauchen die Gesellschaft, um zu existieren, solange wir unseren Teil auch dazu beitragen können. Aber Menschen, die sich selbst nicht mehr pflegen können, so die Kritiker, können

---

[76] Kant, I., *Grundlegung zur Metaphysik der Sitten*, Stuttgart 1998, S.79f.

[77] Kant, *Grundlegung zur Metaphysik der Sitten*, S.79.

[78] Aristoteles, *Nikomachische Ethik*, Stuttgart 1983, Buch V, Kap. 15, S. 150: "Wer sich nun im Affekt aus freien Stücken umbringt, der tut dies gegen die richtige Planung. Das aber läßt das Gesetz nicht zu. Folglich handelt er unrecht. Aber gegen wen? Doch wohl gegen die Polis, nicht aber gegen sich selbst? Denn er leidet freiwillig, aber niemand erleidet freiwillig ein Unrecht. Deshalb greift auch die Polis mit Strafe ein: in gewissem Umfang trifft den Selbstmörder Ehrverlust, weil er gegen die Polis ein Unrecht begangen hat."

[79] Grimm, Hillebrand, "Sterbehilfe", S.134.

ihren Pflichten gegenüber der Gemeinschaft gar nicht mehr nachkommen.[80] Dieser Schluss kann fatale Folgen nach sich ziehen: So wird m. E. durch diese Argumentation die Grenze, dass sterbende Menschen zur Last werden, doch sehr schmal. Die Frage sollte doch eher sein, ob wir uns unserer ethischen Pflichten gegenüber Sterbenden oder Pflegebedürftigen bewusst sind. Ob wir als Mitmenschen unseren Nächsten wahrnehmen und ihm das Gefühl vermitteln, eine Gemeinschaft zu sein.

Reine Sterbehilfe oder Sterbebegleitung: Palliativmedizin

Mit der „Palliativmedizin" wird eine medizinische Maßnahme bezeichnet, deren primäres Ziel nicht die Heilung oder die Wiederherstellung der normalen Körperfunktion ist, sondern eine bestmögliche Anpassung an die gegebenen physiologischen und psychologischen Verhältnisse, ohne dabei auf die zugrundeliegende Krankheit zu wirken. Der Begriff „palliativ" stammt aus dem Lateinischen und bedeutet Mantel („pallium") bzw. mit einem Mantel umhüllen („palliare"). Die Bedeutung in der Medizin und der Pflege kommt dabei sehr gut zum Ausdruck. Sobald das Fortschreiten einer Krankheit nicht aufzuhalten ist, wird die palliative Versorgung umso wichtiger, damit wenigstens die von der Krankheit verursachten Folgen minimiert bzw. gemildert werden.[81] „Palliativmedizin stellt in Anbetracht einer lebensbedrohlichen Erkrankung den Versuch dar, die Lebensqualität des Patienten und seiner Familie zu verbessern. Dieses geschieht durch die Vermeidung und das Verhindern von Leiden, sowie eine Früherkennung und realistische Einschätzung und Behandlung von Schmerzen und anderen Leidenszuständen auf physischer, psychischer und spiritueller Ebene."[82] Ziel der Palliativmedizin ist es, Möglichkeiten für Menschen zu schaffen, ihr Leben während der natürlichen Lebenszeit so ausgefüllt wie möglich zu leben.[83] Im Vordergrund steht dabei „der Mensch in seiner Ganzheitlichkeit mit physischen, psychischen und geistig seelischen Problemen und Nöten sowie die Achtung der Menschenwürde im Leben, Sterben und danach."[84] Wohl durch Unkenntnis der genauen Bedeutung der Palliativmedizin, wird fatalerweise die Verlegung auf eine Palliativstation

---

[80] Grimm, Hillebrand, "Sterbehilfe", S.134.
[81] O`Brien, "Was ist Palliativpflege", S.76.
[82] Oduncu, *In Würde sterben*, S. 110f.
[83] O`Brien, "Was ist Palliativpflege", S.76.
[84] Oduncu, *In Würde sterben*, S. 107.

stillschweigend als ein Abschieben aufgefasst, da für den Patienten nichts mehr getan werden kann. Doch genau diese Einstellung ist falsch.[85] Vielleicht kann für die Krankheit nichts mehr getan werden, für den Patienten aber immer. Die Aufgaben der Palliativmedizin sind dabei sehr vielfältig. Angefangen von Leidenslinderung bis zu Unterstützungsmöglichkeiten der Familie wird viel geboten. Die Palliativmedizin hat eine lebensbejahende Haltung, worin sich der Tod als natürlich widerspiegelt. Weder lebensverkürzende noch lebensverlängernde Maßnahmen werden beabsichtigt. Im Mittelpunkt steht die Lebensqualität sowohl am Lebensende als auch in frühen Krankheitsstadien.[86] Auch wenn die Palliativmedizin gerade am Lebensende eine wichtige Rolle spielt, sollte diese Art von Medizin und Pflege auch Patienten zukommen, die nicht ein bösartiges Leiden haben, also alle Patienten, die eine palliative Pflege und Medizin benötigen. Durch das Bewusstsein der vielfältigen Möglichkeiten der Palliativmedizin wird das Verlangen nach aktiver Sterbehilfe seltener. Studien haben bewiesen, dass bei Umfragen quer durch die Bevölkerung, die ohne jede Vorbereitung und Aufklärung erfolgen, die Befürwortung der aktiven Sterbehilfe bei nahezu 80 Prozent liegt. Dabei wurde festgestellt, dass die meisten Menschen kaum etwas über die Palliativmedizin und die Möglichkeiten der Leidenslinderung wissen.[87] „Wenn man nun vor diesem Hintergrund plötzlich gefragt wird, ob man künstlich und unter menschenunwürdigen Umständen am Leben erhalten werden und fernab von seinen Angehörigen unter Schmerzen und Leiden dahinvegetieren möchte, oder ob es Ärzten erlaubt sein solle, ihr Leben durch eine tödliche Spritze vorzeitig zu beenden und so ihr Leiden abzukürzen, so ist es nachvollziehbar, dass die meisten Befragten sich für Letzteres entscheiden."[88] So wurde die Befragung, ob die aktive Sterbehilfe nun legalisiert werden sollte, damit in Beziehung gesetzt, dass Möglichkeiten palliativmedizinischer Versorgung vorhanden sind. Die Ergebnisse unterschieden sich doch stark von der Anfangsbefragung: Es befürworteten lediglich 2 Prozent der Ärzte und Pflegenden eine Legalisierung der aktiven Sterbehilfe.[89] Dieses Ergebnis entspricht auch der Meinung tatsächlich schwer

---

[85] O'Brien, "Was ist Palliativpflege", S.77.
[86] Oduncu, *In Würde sterben*, S. 111.
[87] Oduncu, *In Würde sterben*, S. 118.
[88] Oduncu, *In Würde sterben*, S. 118.
[89] Oduncu, *In Würde sterben*, S. 118f.

kranker und sterbender Menschen, die in palliativen Einrichtungen befragt wurden.[90]

---

[90] Oduncu, *In Würde sterben*, S. 118.

Sterbehilfe im Ländervergleich

Die Regelungen der Sterbehilfedebatte sind in den einzelnen Ländern unterschiedlich. Im Folgenden werden die Länder exemplarisch vorgestellt, die im Vergleich zu Deutschland markante Unterschiede aufweisen.

Schweiz

In der Schweiz ist die aktive Sterbehilfe nach den Art. 111 (vorsätzliche Tötung), 112 (Mord), 113 (Totschlag) oder 114 (Tötung auf Verlangen) des Schweizerischen Strafgesetzbuches strafbar. Wie in Deutschland wird die Tötung auf Verlangen als privilegierter Tatbestand mit einer geminderten Strafe bedacht.[91] Gegenüber der deutschen Rechtsprechung ist eine Abweichung in der Regelung zum assistierten Suizid festzuhalten: In Art. 115 dieses Gesetzes heißt es: „Wer aus selbstsüchtigen Beweggründen jemanden zum Selbstmorde verleitet oder ihm dazu Hilfe leistet, wird, wenn der Selbstmord ausgeführt oder versucht wurde, (...) bestraft."[92] Beihilfe zum Suizid ist in der Schweiz demzufolge nicht strafbar, sofern sie nicht aus selbstsüchtigen Beweggründen geleitet wird. Während in den Richtlinien von 1995 Beihilfe zum Suizid nicht als Teil der ärztlichen Tätigkeit gesehen wurde, wurden passive und indirekte Sterbehilfen in Übereinstimmung mit dem Willen des Patienten als ärztliche Tätigkeit anerkannt.[93] Die Beihilfe zum Suizid ist nur in den Fällen erlaubt, in denen der Tod aufgrund einer nicht mehr aufzuhaltenden Krankheit unmittelbar bevorsteht, und nicht in denen das psychische Leiden den Sterbewunsch auslöst.[94] Vor dem Hintergrund der Gründung von kommerziell geführten Sterbehilfeorganisationen wie DIGNITAS[95] und EXIT[96], wurden die Richtlinien im Jahre 2005 dahingehend ergänzt, dass Beihilfe zum Suizid bei psychisch kranken Menschen nicht geleistet werden darf, sofern sich durch ärztliche

---

[91] Frieß, M., *"Komm süßer Tod"* – *Europa auf dem Weg zur Euthanasie? Zur theologischen Akzeptanz von assistiertem Suizid und aktiver Sterbehilfe*, Stuttgart 2008, S.90.

[92] Frieß, *"Komm süßer Tod"*, S. 90.

[93] Grimm, Hillebrand, "Sterbehilfe", S.74.

[94] Frieß, *"Komm süßer Tod"*, S. 90.

[95] "'DIGNITAS - Menschenwürdig leben - Menschenwürdig sterben' ist ein Verein Schweizerischen Rechts und wurde am 17. Mai 1998 auf der Forch (bei Zürich) gegründet. Die Organisation (...), hat statutengemäss den Zweck, ihren Mitgliedern ein menschenwürdiges Leben wie auch ein menschenwürdiges Sterben zu sichern und diese Werte auch weiteren Personen zugutekommen zu lassen." Vgl. www.dignitas.ch. Bei Dignitas haben auch Nicht-Schweizer einen Anspruch auf Beihilfe zum Suizid, sodass von einem Sterbetourismus gesprochen wird.

[96] "EXIT (Deutsche Schweiz) ist ein demokratisch organisierter Verein nach Schweizerischem Recht. Er setzt sich für die Selbstbestimmung der Menschen ein. EXIT bietet eine Patientenverfügung, Rechtsbeistand und am Lebensende falls nötig eine sichere und würdige Begleitung an." Vgl. www.exit.ch.

Beurteilungen feststellen lässt, dass der Suizidwunsch durch Krankheitssymptome ausgelöst wurde und dabei nicht den wirklichen Willen des Patienten darstellt. Denn für diese Beurteilung bedarf es ärztlichen Wissens über psychische Krankheiten und deren Symptome, um den Suizidwunsch von diesen zu unterscheiden. So hat sich die Nationale Ethikkommission dafür ausgesprochen, die Beihilfe zum Suizid unter eine staatliche Aufsicht zu stellen, um die Einhaltung von Qualitätskriterien für die Abklärung von Suizidhilfeentscheiden" zu gewährleisten.[97]

Niederlande

In den Niederlanden trat am 01.04.2002 das „Gesetz über die Prüfung von Lebensbeendigung auf Verlangen und Beihilfe zur Selbsttötung" in Kraft. Die in Art. 293 des Niederländischen Strafgesetzbuches (Tötung auf Verlangen) und Art. 294 Abs. 2 (Beihilfe zum Suizid) beschriebenen Tatbestände sind nicht strafbar, wenn sie von einem Arzt und unter Beachtung besonderer Sorgfaltskriterien erfolgen.[98] Die Legalisierung der aktiven Sterbehilfe bezieht sich allerdings nur auf Ärzte, die sich aus der im Einzelfall ergebenden Güterabwägung zwischen den Pflichten und dem in der Situation notwendigen Handlung nach Art. 40 im Notstand befinden. Nach Art. 40 ist nicht strafbar, „wer eine Tat begeht, zu der er durch einen übermächtigen Einfluss gedrängt wird"[99]. Und ein solcher Notstand liegt dann vor, wenn die ärztliche und ethische Pflicht, Leiden zu lindern, die Pflicht, Leben zu erhalten, überwiegt. „Nur der Arzt kann sich auf diese Dilemmasituation berufen, zugleich Leben zu erhalten und Leiden lindern zu müssen. Er ist jedoch nie verpflichtet, eine Lebensbeendigung, in welcher Form auch immer, durchzuführen."[100] Und wie bereits erwähnt, bedarf es einer Kontrolle über die sorgfältige Durchführung einer aktiven Sterbehilfe. Diese sogenannten Sorgfaltskriterien[101] sind:

---

[97] Grimm, Hillebrand, "Sterbehilfe", S.75.
[98] Grimm, Hillebrand, "Sterbehilfe", S.76.
[99] Frieß, *"Komm süßer Tod"*, S. 99.
[100] Frieß, *"Komm süßer Tod"*, S. 99.
[101] Art. 293 Abs. 2 des Niederländischen Strafgesetzbuches.

1. Der Arzt muss zu der Überzeugung gelangen, dass der Patient freiwillig und nach reiflicher Überlegung um Sterbehilfe bittet.

2. Der Arzt muss zu der Überzeugung gelangen, dass der Zustand des Patienten aussichtslos und sein Leiden unerträglich ist.

3. Der Arzt hat den Patienten über seinen Zustand und dessen Aussichten zu informieren.

4. Der Arzt sollte mit dem Patienten zu der Überzeugung gelangen, dass es in dem Stadium, in dem sich der Patient befindet, keine angemessene andere Lösung gibt.

5. Der Arzt muss mindestens einen anderen unabhängigen Arzt hinzuziehen, der den Patienten sehen, sein schriftliches Urteil über die in den Punkten 1. – 4. bezeichneten Sorgfaltskriterien abgegeben muss, und bestätigen wird, dass

6. der Arzt die Lebensbeendigung medizinisch sorgfältig ausgeführt hat.

Bei einem lebensbeendenden Vorgehen muss der Arzt dies dem zuständigen Leichenbeschauer melden und einen Bericht über die Einhaltung der Sorgfaltskriterien vorlegen. Dieser Bericht wird dann von einer Kontrollkommission geprüft. Wenn Zweifel auftauchen, wird die Staatsanwaltschaft informiert. Man fand jedoch durch Studien heraus, dass viele kritische Fälle gar nicht erst gemeldet wurden. So bleibt es oftmals dem ärztlichen Gewissen überlassen, ob die aktive Sterbehilfe sorgfältig durchgeführt wurde oder nicht und ob sie überhaupt berechtigt war. In den Niederlanden sind Patientenverfügungen nicht notwendig, haben aber volle Legitimation. Wenn ein Patient, der aktuell seinen Willen nicht mehr äußern kann, aber früher in schriftlicher Form eine Bitte um Lebensbeendigung formuliert hat, darf der Arzt dieser Bitte nachkommen.[102] Große Zurückhaltung gilt noch gegenüber dementen Patienten, die eine entsprechende Patientenverfügung vor der Erkrankung formuliert haben, denn Demenz ist an sich kein hinreichender Grund. Außerdem kann im Falle einer Demenzerkrankung eine nicht nachweisbare Diskrepanz zwischen dem früher geäußerten und aktuellen Willen bestehen. Bei Patienten ab zwölf Jahren zog das Sterbehilfe-Gesetz in Erwägung, gemäß der Regelung über den medizinischen Behandlungsvertrag

---

[102] Frieß, *"Komm süßer Tod"*, S. 100f.

aus dem Bürgerlichen Gesetzbuch, die aktive Sterbehilfe nach Einwilligung der Eltern zu erlauben. Dies konnte erfreulicherweise nicht durchgesetzt werden. Stattdessen dürfen 16- bis 18-Jährige unter gegebenen Bedingungen die aktive Sterbehilfe lediglich nach einer Beratung mit den Eltern verlangen.[103]

Belgien

Das belgische Parlament verabschiedete einen Monat später als die Niederlande im Mai 2002 ein „Gesetz die Euthanasie betreffend", welches als das liberalste Sterbehilfegesetz der Welt gilt.[104] Die Bedingungen, die ein Arzt erfüllen muss, sind den Sorgfaltskriterien des niederländischen Modells angeglichen worden. Ergänzend wurde vermerkt, dass ein Patient über die Möglichkeiten der palliativen Versorgung aufgeklärt werden muss. Darüber hinaus müssen zwischen den Gesprächen angemessene Pausen eingehalten und Angehörige oder Betreuer in die Beratungen miteinbezogen werden.[105] Die Regelung erfasst auch erstmals Fälle der Sterbehilfe, welche nicht nur Sterbende, sondern auch unheilbar Kranke und Menschen mit psychischen Leiden miteinbezieht. „Demnach darf auch bei Patienten, deren Tod zeitlich nicht abzusehen ist, aktive Sterbehilfe oder assistierter Suizid geleistet werden, wenn vorher ein dritter, psychiatrischer oder entsprechend spezialisierter Mediziner den Fall untersucht hat und zwischen schriftlich geäußertem Sterbewunsch und Tod des Patienten eine einmonatige Wartefrist eingehalten wurde."[106] Das Gesetz beschränkt sich dabei auf Personen, die im Vollbesitz ihrer geistigen Fähigkeit sind, d.h. es gilt nicht für geistig Behinderte und Demenzpatienten.[107] Sterbewillige müssen Ihren Willen mündlich und schriftlich äußern. Sind Patientenverfügungen vorhanden, können Ärzte straflos aktive Sterbehilfe leisten. Die Weiterleitung der Dokumentation zur Euthanasie an eine staatliche Überwachungs- und Evaluierungskommission muss genauso wie in den Niederlanden geschehen. Eine entscheidende Regelung betrifft die Einordnung des durch aktive Sterbehilfe oder assistiertem Suizid erfolgten Todes als natürliche Todesursache. Danach können Lebens- und Risikoversicherungen an Hinterbliebene

---

[103] Frieß, *"Komm süßer Tod"*, S. 106f.
[104] Frieß, *"Komm süßer Tod"*, S. 109.
[105] Frieß, *"Komm süßer Tod"*, S. 109.
[106] Frieß, *"Komm süßer Tod"*, S. 109.
[107] Holthaus, *Aktive Sterbehilfe – Ausweg oder Irrweg?*, S.23f.

zurückgezahlt werden.[108] Diese Tatsache schreit geradezu danach, dass Patienten mit einer Lebensversicherung im Falle einer schwerwiegenden Erkrankung immensem Druck ausgeliefert sind. Es müssen nicht einmal die Angehörigen sein, die diesen Druck ausüben. Wenn der Patient die Tatsache kennt, dass seine Lebensversicherung bei schwerwiegender Krankheit nicht verlängert wird und dass bei aktiver Sterbehilfe das Geld an Hinterbliebene ausbezahlt wird, wird er aus Pflichtgefühl der aktiven Sterbehilfe zustimmen.

---

[108] Frieß, *"Komm süßer Tod"*, S. 109.

Exkurs: Organspende

„Ein neues Organ ist wie ein neues Leben."[109] Mit diesem Slogan werden Menschen auf die Organspende aufmerksam gemacht. Es ist sicherlich eine gute Sache, wenn man nach dem Tod durch die Spende der Organe, die sowieso absterben und verfallen werden, ein „neues Leben" ermöglichen kann. Die strafrechtliche und ethische Diskussion der Organspende und der Transplantationsmedizin ist aber eine eigene Fachrichtung und würde den Rahmen dieser Arbeit sprengen. Dennoch ist es hilfreich, einen Einblick mit diesem kurzen Exkurs zu bekommen, da gerade bei der Ausarbeitung des Fallbeispiels gewisse Informationen zum Verständnis der ethischen Dimension von Nöten sind.

Die erste Organtransplantation erfolgte in Deutschland im Jahre 1963 im damaligen Berliner Klinikum Charlottenburg. Seither sind fast 98.000 Organe transplantiert worden. Derzeit warten rund 12.000 Menschen auf ein Spenderorgan und nur für jeden Dritten findet sich auch das passende Organ. Zwei Drittel dieser Menschen warten und hoffen vergebens, denn „jeden Tag sterben in Deutschland drei Menschen von der Warteliste, denen mit einer Organtransplantation ein neues Leben hätte geschenkt werden können."[110] Es ist ein Kampf um Organe, denn zu der sinkenden Bereitschaft Organe zu spenden, kommt die Pflicht, dass man zu Lebzeiten der Organentnahme zustimmen muss. Mit der „erweiterten Zustimmungslösung" muss jeder Bürger bei Lebzeiten seine Zustimmung oder Ablehnung in Form eines Organspendeausweises oder einer anderen schriftlichen Erklärung abgeben. Liegt keine Stellungnahme vor, kann der nächste Angehörige den mutmaßlichen Willen des Verstorbenen vertreten.[111] Wenn der Verstorbene spenderwillig war, es aber nur versäumt hat schriftlich festzuhalten, wäre die Organspende davon abhängig, wie sich der Angehörige entscheidet. Da sowieso weniger Menschen bereit sind, Organe zu spenden, als welche gebraucht werden, könnten durch diese Zustimmungsregelung und ein Versäumen der schriftlichen Äußerung prinzipiell Spenderwillige zu keinen Spendern werden. Zu formellen Hürden kommen medizinische und biologische Hindernisse hinzu. Es ist schwierig, die

---

[109] Beck, T., Kirste, G., *Die Welt mit anderem Herzen sehen. Organspende und Transplantation*, Frankfurt a.M. 2010, S. 25.

[110] Beck, *Die Welt mit anderem Herzen sehen*, S. 4.

[111] Beck, *Die Welt mit anderem Herzen sehen*, S. 10.

passenden Organe zum passenden Patienten zu finden, denn jeder Mensch reagiert auf nicht-körpereigene Fremdstoffe mit einer Abwehrreaktion. In dieser Reaktion werden die Organe nicht akzeptiert und die Transplantation bleibt erfolglos. Die Transplantationsüberlebensrate nach einem Jahr beträgt 75 Prozent und nach fünf Jahren 60 Prozent. D.h. 75 bzw. 60 Prozent der transplantierten Organe funktionieren noch nach einem bzw. fünf Jahren.[112] Und das bedeutet demnach, dass trotz fortgeschrittener Medizin eben bei 25 bzw. 40 Prozent die Organe abgestoßen werden und der Patient, je nachdem welches Organ transplantiert wurde, geringe Überlebenschancen hat.

Gesetzlich sind in Deutschland durch das Transplantationsgesetz die Spende und die Entnahme von menschlichen Organen zum Zwecke der Übertragung geregelt und sollen den Missbrauch verhindern.[113] Die genauen Inhalte würden hier zu weit führen, aber ein wichtiger Punkt ist erwähnenswert, denn genau dieser Punkt ist in der Diskussion um die Kombination der aktiven Sterbehilfe mit der Organtransplantation ethisch relevant. Es ist durch dieses Gesetz nämlich festgelegt, wann die Mindestvoraussetzungen für eine Organentnahme gegeben sind. Demnach ist es in Deutschland so, dass der Tod des Spenders nach dem aktuellen Erkenntnisstand der medizinischen Wissenschaften festgestellt wird und ein irreversibler Totalausfall von Großhirn, Kleinhirn und Hirnstamm, also ein Gesamthirntod, vorliegen muss.[114] Anders als in Deutschland dürfen beispielsweise in Belgien und den Niederlanden Organe von sogenannten „non-heart-beating donors"[115] entnommen werden. Sobald das Herz stehen bleibt sind die Mindestvoraussetzungen für eine Organentnahme gegeben.[116] Das bedeutet wiederum, dass zwischen dem Herzstillstand und der Organentnahme nur wenig Zeit vergehen darf, denn sonst sterben die zu entnehmenden Organe ab, da mit dem Herzstillstand der Kreislauf ebenfalls zum Erliegen kommt und die Blut- und damit die Sauerstoffzufuhr abgebrochen wird. Und das impliziert, dass nicht genug Zeit vorhanden ist, um einen Hirntod festzustellen. Aber erst mit dem Absterben des Gehirns und der Einstellung der

---

[112] Beck, *Die Welt mit anderem Herzen sehen*, S. 7.

[113] Beck, *Die Welt mit anderem Herzen sehen*, S. 10.

[114] Müller, S., "Wie tot sind Hirntote? Alte Frage – neue Antworten", in: *Aus Politik und Zeitgeschichte* 20-21 (2011), S. 5.

[115] Nagel, E. u.a., "Transplantationsmedizin zwischen Fortschritt und Organknappheit. Geschichte und aktuelle Fragen der Organspende", in: *Aus Politik und Zeitgeschichte* 20-21 (2011), S. 19.

[116] Nagel, "Transplantationsmedizin zwischen Fortschritt und Organknappheit", S. 19.

Hirnleistungen ist gewährleistet, dass der Patient nichts mehr empfindet. Diese Herztoddiagnose gilt im Gegensatz zur Gesamthirntoddiagnose in vielen Ländern als überholt, „da durch die Möglichkeit der künstlichen Beatmung das Herz-Kreislauf-System aufrechterhalten werden kann".[117] Bei einer Herztoddiagnose wäre also eine Organentnahme strafrechtlich in Belgien und in den Niederlanden zulässig. Es sind die beiden Länder, in denen die aktive Sterbehilfe auch legalisiert ist und straflos bleibt. Somit wäre strafrechtlich die Kombination der aktiven Sterbehilfe mit der Organspende in diesen beiden Ländern zulässig. Über die Diskussion der Todesfeststellung hinaus werden in der Organspendedebatte mögliche Tendenzen einer Kommerzialisierung des Körpers ethisch kontrovers diskutiert. In Anbetracht absoluter Knappheit an Spenderorganen, der langen Wartelisten und der mit jedem Tag lebensbedrohlicher werdenden Situation, in denen sich Patienten, die auf ein Organ warten, befinden, ist die Gefahr von kommerzialisiertem Handel von Organen sehr hoch. In Deutschland ist durch das Transplantationsgesetz der Handel mit Organen verboten. Die Ablehnung einer finanziellen Regelung zur Organspende ist wichtig, um einem Organmarkt und damit einer „Zwei-Klassen-Medizin" vorzubeugen.[118] Die Organe sollen den Empfänger nach den Kriterien der Notwendigkeit und dem Menschsein an sich und nicht nach seiner Kaufkraft erreichen. Mit einer finanziellen Regelung wären arme Menschen eher bereit Organe zu verkaufen und sich damit in lebensbedrohliche Situationen zu begeben. Oder im Falle des Fallbeispiels wären Kliniken oder Ärzte bestechlicher und könnten Patienten überreden, nach der Sterbehilfe die Organe zu spenden. Auch wenn es keiner Überredungskunst bedarf, so ist in Frage zu stellen, ob Ärzte Patienten von einer lebensbejahenden Therapie überzeugen können, wenn sie erstens die Möglichkeit der anschließenden Organspende und im schlimmsten Fall zweitens eine damit verbundene Geldsumme im Hinterkopf haben.

---

[117] Nagel, "Transplantationsmedizin zwischen Fortschritt und Organknappheit", S. 19.
[118] Nagel, "Transplantationsmedizin zwischen Fortschritt und Organknappheit", S. 20.

Fallbeispiel: „Carine, 43, lässt sich töten"

Anhand eines Fallbeispiels soll die Problematik der Verknüpfung der aktiven Sterbehilfe mit einer anschließenden Organspende erläutert werden. Nicht nur allein die Tatsache, dass die aktive Sterbehilfe erstmalig mit einer Organspende verbunden wurde, macht diesen Fall so brisant. Es wurde nämlich, gerade aufgrund der Brisanz der Kombination, um Aufsehen zu vermeiden, mit höchster Vorsicht gearbeitet. Und trotz dieser Vorsicht lassen sich gravierende Mängel feststellen, welche die Ängste der Legalisierungsgegner bestätigen könnten. Es handelt sich bei diesem Fall um eine 43-Jährige sogenannte Frau Carine Geerts[119] aus Belgien. Dass in Belgien die aktive Sterbehilfe auch bei Patienten durchgeführt werden darf, die aufgrund ihrer Krankheit den Tod nicht unmittelbar erwarten, habe ich bereits erwähnt. Die Begutachtung, ob die Patientin entscheidungsfähig ist und ob der Sterbewunsch berechtigt ist, muss im Unterschied zu einem Sterbenskranken von drei Ärzten durchgeführt werden statt nur von zwei. Carine hätte mit ihrer Behinderung etliche Jahre länger leben können. Was war also der Grund für Carine, sich töten zu lassen? Das Leben dieser Frau wird in diesem Zeitungsartikel nach den Erzählungen ihres Hausarztes so dargestellt, dass die Frau bis zur Scheidung von ihrem Mann ein beneidenswertes Leben gehabt hätte. Danach hätte sie zwar einige jobtechnische und finanzielle Schwierigkeiten erlebt, aber dennoch hätte sie bis zu ihrer Krankheit ein sehr bewegtes und turbulentes Leben geführt. Laut der Krankenakte kam sie erstmalig am 07.11.2003 mit einem aktuellen Kopfschmerzanfall zu ihrem Hausarzt, eine Woche später wurden zusätzlich Sehstörungen und Bluthochdruck dokumentiert. Nach dem Blutdruckanstieg verfällt sie ins Koma und erwacht mit schweren Hirnschäden. Sie erhält sieben Monate Therapie in der Klinik und sieben Monate ambulante Behandlung.[120] Sie ist körperlich stabil, jedoch pflegebedürftig: „Sie kann sich nicht alleine waschen, nicht ankleiden, nicht zur Toilette gehen, kein Essen zubereiten. Ihr linker Arm ist teilweise gelähmt und lässt sich nur unter Schmerzen bewegen. In der Klinik hat sie wieder gelernt, zu gehen und Treppen zu steigen, doch sie braucht Begleitung. Ihr Sehzentrum ist geschädigt. Carine kann Bilder nicht mit Handlungen verknüpfen, es fehlt ihr die räumliche Orientierung. Obwohl die Wände in ihrer Wohnung zur besseren Orientierung mit bunten Punkten

---

[119] Name von der Redaktion der Zeitung DIE ZEIT geändert.
[120] "Carine, 43, lässt sich töten", DIE ZEIT, S. 17f.

markiert sind, stößt sie an, wenn ihr niemand hilft."[121] Nach nur 14 Monaten Therapie und gewissen Fortschritten seien die Möglichkeiten der Rehabilitation bei ihrem Krankheitsbild nach dem Psychiater Manfred Wolfersdorf, der diesen Fall überprüft habe und ein renommierter Spezialist für Depression und Suizidvorbeugung ist, nicht ausgeschöpft gewesen. Er erläutert, dass allgemein bekannt ist, dass viele Patienten nach einem Schlaganfall eine in den ersten zwei Jahren äußerst schlimm verlaufende Depression bekommen. Es vergehen aber keine zwei Jahre, genaugenommen nur 14 Monate, vom Krankheitsbeginn bis zu dem selbstbestimmten Tod dieser Frau. Sie wird am 29. Januar 2005 durch aktive Sterbehilfe getötet. Nach Manfred Wolfersdorf hätte die Patientin dringend eine längerfristige intensive und vor allem ganzheitliche Therapie und Begleitung gebraucht.[122] Die Tatsache, dass vom Krankheitsbeginn bis zu ihrem Tod nur 14 Monate vergingen, dass sie Antidepressiva nahm, dass ihre erste Willenserklärung getötet zu werden mit dem Todestag ihrer besten Freundin zusammenfiel, scheint niemanden irritiert zu haben. Im Gegenteil beschwört der die aktive Sterbehilfe durchführende Arzt, welcher zugleich als Vorsitzender der Ethikkommission über die anschließende Organspende entschieden hat, dass Carine mindestens drei Jahre Rehabilitation gehabt hätte. Die Antidepressiva seien nicht wegen einer klassischen Depression verschrieben worden, sondern nur zur Stimmungsaufhellung. Und dass ihre erste Willenserklärung am Tag erfolgte, an dem ihre an Brustkrebs erkrankte beste Freundin ebenfalls die aktive Sterbehilfe erfuhr, scheint niemand hinterfragt zu haben.[123] Denn nur vier Monate später wurde sie ebenfalls getötet. Zu ihrer Krankheit kam also der Verlust ihrer Freundin, mit der sie sich tagtäglich traf, hinzu. Dass dies ihre psychische Lage, die durch die Folgen ihrer Krankheit sowieso nicht stabil genug sein konnte, nochmals ins Schwanken gebracht haben könnte, wurde gar nicht in Erwägung gezogen. Stattdessen wurde, nachdem eine Psychiaterin die aktive Sterbehilfe bei Carine ablehnte, drei Tage vor ihrem Tod ein weiterer Psychiater hinzugezogen. Ein die aktive Sterbehilfe befürwortender und seine eigenen Demenzpatienten an der Grenze zur Entscheidungsunfähigkeit an die Willenserklärung erinnernder Arzt, stimmt bei Carine der aktiven Sterbehilfe zu.[124] Es scheint nichts unternommen worden zu sein, die Patientin zu einer

---

[121] "Carine, 43, lässt sich töten", DIE ZEIT, S. 18.
[122] "Carine, 43, lässt sich töten", DIE ZEIT, S. 19f.
[123] "Carine, 43, lässt sich töten", DIE ZEIT, S. 17f.
[124] "Carine, 43, lässt sich töten", DIE ZEIT, S. 17f.

lebensbejahenden Haltung zu begleiten. Die palliativmedizinische Versorgung hätte der Patientin vielleicht den Halt wieder zurückgeben können, den sie mit der Umstellung von einem selbstständigen Leben zu einem von anderen abhängigen verloren hatte. Sie betonte auch, dass ihr am meisten die Abhängigkeit von anderen zu schaffen mache. Doch stattdessen wird, da die Patienten laut Protokoll eine Woche vor Ihrem Todestermin die Bereitschaft für eine Organspende ausspracht, die letzte Woche mit Organspendeformalitäten gefüllt.[125] Darüber, ob dieser Tod mit einem würdevollen, selbstbestimmten Sterben verbunden werden kann, lässt sich streiten. In dem Moment der Durchführung dieser geplanten Handlungen erhält Carine drei Medikamente. Eine tötende Spritze und zwei weitere Medikamente, die die Organe nach dem Herzstillstand vor Schäden durch Sauerstoffmangel bewahren sollen. Bei der Organtransplantation zählt jede Sekunde, denn die Organe müssen nach dem Herzstillstand und der damit verbundenen Unterbrechung der Sauerstoffzufuhr schnellstmöglich entnommen und dem Organempfänger transplantiert werden, damit die Organe auch weiterhin funktionieren können. Bei diesem heiklen Fall wurden die Ärzte von Carine, die die Sterbehilfe durchführten, gebeten, bis zur Todesfeststellung im Operationssaal zu bleiben, damit keine Fehler passieren. Die Frage in dem Zeitungsartikel ist jedoch berechtigt, ob die Ärzte Carine in diesen Minuten noch als sterbende Patientin, für deren Wohl sie bis zuletzt sorgen müssen sehen oder schon als Spenderin.[126] Denn in Freude, dass durch die Organe ein neues Lebens geschenkt werden kann und in der ärztlichen Berufung Krankheiten zu heilen, könnte die Todesfeststellung voreilig bekannt gegeben werden, damit die Organe nicht geschädigt werden. Alle brauchbaren Organe bis auf ihr Herz wurden entnommen und auf fünf Kinder verteilt. Die Herztransplantation haben die Ethiker deshalb abgelehnt, da für die Entnahme eines funktionstüchtigen Herzens das Herz nicht stillstehen darf, d.h. unter Narkose entnommen werden muss. Und da die Ärzte bei dieser ersten Koppelung von Organspende an die aktive Sterbehilfe nichts falsch machen wollten, entschieden sie sich dagegen. Schließlich wäre nämlich dann die Todesursache nicht die tötende Spritze gewesen, sondern die Entnahme des Herzens, also die Organtransplantation. Ebenso wurden bei dieser heiklen Organspende die Organe, um Missverständnisse auszuräumen, nicht den klinikeigenen Patienten transplantiert, sondern Patienten in anderen Kliniken.

---

[125] "Carine, 43, lässt sich töten", DIE ZEIT, S. 19.
[126] "Carine, 43, lässt sich töten", DIE ZEIT, S. 19.

Bei den anschließenden Kombinationen von aktiver Sterbehilfe mit Organtransplantationen wurden die Organe jedoch nicht mehr anonym, sondern klinikintern verteilt.[127] Bei diesem Fallbeispiel wird deutlich, was für eine Gefahr bei der Koppelung der Organspende an die aktive Tötung des Patienten besteht. Abgesehen von den ethisch zu hinterfragenden Mängeln bei der aktiven Sterbehilfe, obwohl bei diesem Fall diese mit großer Sorgfalt vorbereitet und durchgeführt wurde, scheint der Eindruck nicht zu trügen, dass die Koppelung der Organspende einen negativen Beigeschmack hat. Wie der Hausarzt dieser Patientin selber die Gefahr der Organspende schildert: „Diese extrem reichen Menschen, die eine Bauchspeicheldrüse brauchen, und dann ist da jemand, der ein passendes Organ hat und nicht sterbenskrank ist... Vielleicht würden sie mir zehn Millionen Euro zahlen, um den Patienten zu überreden, seine Organe zu spenden."[128] Und das ist genau der Punkt, worauf es ankommt. Wie ich bereits erwähnt hatte, wurden die folgenden Organe nach diesem Fall klinikintern verteilt. Es erweckt den Eindruck, dass wenn die Organspende mit dem vom Patienten selbstbestimmten und würdevollen Sterben verbunden wird, eben das Sterben nicht würdevoll und selbstbestimmt geschieht. Im Gegenteil sind die Interessen des Arztes oder der Klinik so hoch, dass fraglich ist, ob letztendlich der Sterbewunsch und die Entscheidungsfähigkeit der Patienten wirklich objektiv beurteilt werden können und somit die Autonomie des Patienten bewahrt bleibt, oder ob Ärzte Patienten vielleicht aus eben den genannten Gründen überreden. Wenn Letzteres der Fall ist, ist es nämlich über die Tötung auf Verlangen hinaus schlichtweg Mord und das ist auch in den Ländern mit Legalisierung der aktiven Sterbehilfe gesetzlich verboten. Es ist unumgänglich, zwischen der Sterbehilfeanfrage, der Sterbehilfedurchführung und dem Organspendeverfahren strikt zu trennen. Diese Trennung ist erforderlich, um schreckliche Missbräuche verhindern zu können.

Utilitaristische Aspekte dieses Fallbeispiels

In dem Zeitungsartikel wird die Position des Utilitaristen Julian Savulescu dargstellt. Wie für alle Utilitaristen heilige auch für ihn ein guter Zweck jedes Mittel.[129] Nach dem von Bentham und Mill begründeten klassischen Utilitarismus werden Handlungen nach ihren Folgen beurteilt, weswegen man

---

[127] "Carine, 43, lässt sich töten", DIE ZEIT, S. 19.
[128] "Carine, 43, lässt sich töten", DIE ZEIT, S. 19.
[129] "Carine, 43, lässt sich töten", DIE ZEIT, S. 19.

eine solche Ethik als Konsequentialismus bezeichnet. Eine Handlung ist demnach dann moralisch richtig und gerechtfertigt, wenn sie Glück für alle Beteiligten bewirkt und Leid vermindert.[130] Die ethische Beurteilung wird also aus dem Ergebnis einer Handlung abgeleitet und nicht aus einer moralischen Gesinnung oder irgendwelchen Prinzipien wie „du sollst nicht töten"[131]. Wenn die Folgen wünschenswert sind, ist die Handlung, auch wenn sie an sich unmoralisch ist, ethisch gerechtfertigt. Und dieser Ansatz ist bei Savulescu ebenfalls zu erkennen. Er verstehe nicht, warum man Patienten mit begrenzter Lebenszeit auf Intensivstationen sterben lässt, obwohl deren Organe anderen das Leben retten könnten. Er sehe auch kein Problem darin, Menschen, die einer Organspende zugestimmt haben und bei denen auf lebenserhaltende Maßnahmen verzichtet wird, vor ihrem Tod zu narkotisieren, ihnen die Organe zu entnehmen und sie auf diese Weise sterben zu lassen.[132] Also ein aktives Töten durch die Organentnahme, wovor die belgischen Ärzte noch zurückgeschreckt sind. Doch werden die bisherigen Maßnahmen geduldet, bin ich mir sicher, dass dieser letzte Schritt ebenfalls noch folgen wird. Einem Menschen unter Narkose das Herz und somit sein Leben für eine Organtransplantation zu nehmen, hat mit Würde nichts mehr zu tun. Savulescu promovierte bei dem ebenfalls präferenzutilitaristisch[133] denkenden Peter Singer, der durch seine Äußerungen über lebensunwertes Leben Aufsehen erregte und durch seine Ethik sehr umstritten ist.[134] Für ihn wäre die aktive Sterbehilfe im Interesse vieler Menschen und er unterscheidet dabei drei verschiedene Formen der aktiven Sterbehilfe: Die, wie er sie nennt, freiwillige, unfreiwillige und nichtfreiwillige Euthanasie.[135] Die freiwillige ist dabei die, die durch die ausdrückliche Zustimmung geschieht und damit gerechtfertigt ist, die unfreiwillige geschieht gegen die Zustimmung und ist damit nicht gerechtfertigt. Die nichtfreiwillige Euthanasie wird dann praktiziert und ist gerechtfertigt, wenn

---

[130] Mill, J. S., *Der Utilitarismus*, Stuttgart 2006, S.23.

[131] Fünftes der Zehn Gebote der Bibel.

[132] "Carine, 43, lässt sich töten", DIE ZEIT, S. 19.

[133] Siehe Ritter, J., "Utilitarismus", in: *Historisches Wörterbuch der Philosophie*, Band 11, Basel 1972, S. 507: Bei dem Präferenzutilitarismus geht es "nicht mehr um die Maximierung von Lust oder Glück, sondern um Erfüllung oder Befriedigung von Präferenzen. (...) Die Frage, ob es nun Lust oder Glück sei und welche Form der Lust und des Glücks, die maximiert werden soll, verliert sich in der Einheitswährung, in der Präferenzen sich ausdrücken, in der des Nutzens, mit deren Hilfe ausgedrückt wird, wie hoch eine Präferenz im Rahmen einer Präferenzordnung steht, absolut oder im Vergleich mit anderen Präferenzen".

[134] "Carine, 43, lässt sich töten", DIE ZEIT, S. 19.

[135] Singer, P., *Praktische Ethik*, Stuttgart 1994, S. 226f.

ein „menschliches Wesen nicht fähig ist, die Entscheidung zwischen Leben und Tod zu verstehen",[136] also bei nicht zustimmungsfähigen Menschen: schwerstbehinderte Neugeborene oder Menschen, die durch Unfall, Krankheit oder hohes Alter nicht mehr in der Lage sind, zwischen Leben und Tod zu wählen.[137] „In den meisten Hinsichten unterscheiden sich diese Menschen nur unerheblich von behinderten Säuglingen. Sie sind nicht selbstbewusst, rational oder autonom, und so sind Erwägungen des Rechts auf Leben oder des Respekts vor der Autonomie hier nicht angebracht. Wenn sie überhaupt keine Erlebnisse haben und auch niemals mehr welche haben können, dann hat ihr Leben keinen Wert an sich. Ihre Lebensreise ist an ein Ende gelangt. Biologisch leben sie, aber nicht biographisch."[138] Diese Aufteilung des Menschen in ein bloß menschliches Wesen und eine Person bewirkt Fatales: Die Unantastbarkeit des menschlichen Lebens kann somit nach ihm nicht in dem Menschsein an sich begründet werden, sondern wird an eben die Kriterien der Rationalität, Autonomie und des Selbstbewusstseins gebunden, über die eine Person verfügt, nicht aber unbedingt ein menschliches Wesen. Die Rechtfertigung des aktiven Tötens von Säuglingen, behinderten, alten oder sich im Koma befindenden Menschen liegt auf der Hand. Singer stellt dabei auch den Unterschied zwischen aktiver und passiver Sterbehilfe, zwischen Töten und Sterbenlassen in Frage[139]: Es läuft beides auf das Gleiche hinaus – nämlich der Tod von Sterbenswilligen oder lebensunwertem Leben. Verbindet man nun die Positionen von Savulescu und Singer, so kommt man zu dem erschreckenden Ergebnis, dass es ethisch gerechtfertigt ist, nicht zustimmungsfähigen Menschen, die nach Singer ein lebensunwertes Leben führen – im Interesse Vieler – die Organe bei lebendigem Leibe zu entnehmen, und anderen, die ein lebenswerteres Leben führen und diese Organe benötigen, zu transplantieren. Auch Patienten, die aufgrund ihrer Krankheit keine Heilung erwarten können und auf lebensverlängernde Maßnahmen verzichten, können aktiv getötet oder wenn brauchbare Organe vorhanden sind, sogar unmenschlich „verarbeitet" werden. So scheint die reine aktive Tötung das kleinere Übel zu sein, wenn man bedenkt, was für Aussichten eine derartige Kopplung dieser zwei ethisch umstrittenen Handlungen

---

[136] Singer, *Praktische Ethik*, S. 230.
[137] Singer, *Praktische Ethik*, S. 232f.
[138] Singer, *Praktische Ethik*, S. 245.
[139] Singer, P., "Die alte Ethik bröckelt". Hartmut Kuhlmann im Gespräch mit Peter Singer, in: *UNIVERSITAS*, 1998, S. 665 – 680.

zusammen bewirken können. Dennoch sollte diese Arbeit kein Plädoyer für die aktive Sterbehilfe sein, sondern im Gegenteil: Es war beabsichtigt, die Gefahren einer Legalisierung vor Augen zu führen. Es wird nicht nur eine strikte Trennung der aktiven Sterbehilfe von der Organspende gefordert, sondern eine Beachtung dieser, seit diesem Fall diskutierten, unvorstellbar schrecklichen Gefahr der Legalisierung der aktiven Sterbehilfe. Es ist sicherlich in vielen Situationen unumgänglich über eine aktive Sterbehilfe nachzudenken, wenn alle Alternativen ausweglos scheinen und die Würde des Patienten soweit heruntersinkt, dass Ärzte, Pflegende, Angehörige und natürlich der Patient selbst sich nach einem kurzen schmerzlosen Ende sehnen. Dennoch sind die Gefahren einfach zu hoch, um eine Legalisierung der aktiven Sterbehilfe ohne Bedenken befürworten zu können.

Legalisierung der aktiven Sterbehilfe

Durch Verabreichung lebensverkürzender Substanzen wird der Tod eines Patienten eingeleitet. In Deutschland ist aktive Sterbehilfe strafbar. Viele Fachgruppen wie z.b. Kirchenanhänger, Ethiker, Mediziner, Politiker oder Juristen sprechen sich gegen die Legalisierung der aktiven Sterbehilfe aus. Bleibt die Frage zu klären, ob so ein individueller Akt des Lebens – nämlich das Sterben – durch den Staat bestimmt werden kann und darf.

Es ist nämlich schwierig, eine für alle annehmbare Lösung zu finden. Schließlich ist jeder Mensch individuell in seiner Autonomie. Jeder Mensch hat eine eigene Vorstellung über sein Leben und über seinen Tod. Meist sind es schwerkranke Patienten, denen nur eine kurze Zeit zum Leben bleibt, die diesen Wunsch äußern. Kann man einen Menschen, der sowieso in absehbarer Zeit sterben wird, töten? Natürlich kann man das, wenn es gegen seinen Willen geschieht. Aber ein Mensch, der seine Aussichten weiß und seinen letzten Weg schmerzfrei in Würde gehen will ohne ihn unnötig zu verlängern, sollte sich doch entscheiden dürfen, wann und wie er diesen Weg gehen will. Es ist auch deshalb schwierig, dieses Problem lösen zu wollen, weil vielleicht der eine Patient in dem gleichen Stadium einer Krankheit sein Lebensende anders gestalten möchte als der andere. Gerade weil es so schwierig ist, eine abschließende Lösung in der Debatte um die aktive Sterbehilfe zu finden, folgen nun verschiedene Sichtweisen der verschiedenen Fachgruppen, die Argumente für oder gegen eine aktive Sterbehilfe vorführen. Zunächst werden Argumente der Gegner dargestellt.

Argumente gegen die Legalisierung der aktiven Sterbehilfe

Es könnte Situationen geben, in denen eine Legalisierung der aktiven direkten Sterbehilfe zu wünschen wäre. Gegen diese Legalisierung werden oftmals die Unvereinbarkeit des ärztlichen Auftrags mit dem Töten und die Dammbruchgefahren vorgebracht. Zum Ersten ist zu erwähnen, dass die Vertrauensbasis im Falle einer Legalisierung zwischen Patient und Arzt entschwinden würde. Die Berufung des Arztes ist zu heilen, zu lindern und zu trösten, nicht aber zu töten. Mit den Dammbruchgefahren ist gemeint, dass mit der Legalisierung die Zahl der Tötungen gegen den Willen unter dem Vorwand der aktiven direkten Sterbehilfe massiv ansteigen würde[140]. Die Argumentation

---

[140] Grimm, Hillebrand, "Sterbehilfe", S.121.

der Dammbruchgefahren konzentriert sich auf folgende Argumente: das Missbrauchs-, Heteronomie-, Enthemmungs- und – wie ich es nennen möchte – das Entfremdungs-Argument. Mit dem Missbrauchsargument bringen Legalisierungsgegner ihre Befürchtungen zum Ausdruck, dass mit der Legalisierung Menschen gegen ihren Willen getötet und diese illegitimen Tötungen im Verborgenen bleiben können[141]. Entgegen des Autonomie-Arguments wird im Heteronomie-Argument vorgeworfen, dass, wenn Menschen überhaupt erst die Wahl haben, der Druck auf diese Menschen steigt und sie oftmals nicht autonom, sondern heteronom handeln, weil sie zum Beispiel den Angehörigen nicht zur Last fallen möchten[142]. Betroffen sind dabei vor allem pflegebedürftige Personen, wie zum Beispiel Menschen, die aufgrund ihres Alters, ihrer Krankheit oder eines Unfalls sich selbst nicht mehr versorgen können. Bei einer Legalisierung könnten diese Menschen sich einem Erwartungsdruck ihrer Umwelt ausgesetzt sehen, der ausgesprochen oder unausgesprochen, vom Pflegenden, sei es im Krankhaus, im Pflegeheim oder daheim, vom Staat oder von der Gesellschaft ausgehen kann. Den pflegebedürftigen Menschen könnte ein Gefühl vermittelt werden, ein sinnlos gewordenes kostspieliges Leben zu führen. Und gerade Menschen, die in ihrem Alltag von anderen abhängig sind, sind sehr sensibel und leiden oftmals darunter, so dass ein Entschluss unter dem Vorwand der Autonomie heteronom gefasst werden kann.[143] Die Grenze vom individuellen Willen, schmerzfrei zu sterben, zum Sterbenswillen aus Angst, eine Belastung für Angehörige, Pflegende und für den Staat zu werden, könnte verschwinden. Durch das Enthemmungs-Argument soll verdeutlicht werden, dass die Hemmschwelle zur Tötung aus Mitleid und zur Preisgabe des eigenen Lebens gesenkt werde[144]. Mit dem Entfremdungs-Argument möchte ich aufgrund meines gewählten Fallbeispiels eine zusätzliche Gefahr verdeutlichen, die nicht unterschätzt werden darf. Durch die Legalisierung der aktiven Sterbehilfe und der Akzeptanz zu einer Verknüpfung der Organspende mit dem Tod des Sterbehilfeempfängers, kann der Tod des Patienten als Mittel für die Beschaffung von Organen dienen, die zwar für wartende Patienten lebenserhaltend, aber für die Klinik und

---

[141] Grimm, Hillebrand, "Sterbehilfe", S.121.

[142] Grimm, Hillebrand, "Sterbehilfe", S.121.

[143] Kutzer, K., "Das Recht auf den eigenen Tod", in: Student, J.-C. (Hrsg.), *Das Recht auf den eigenen Tod*, Düsseldorf 1993, S.61 ff.

[144] Grimm, Hillebrand, "Sterbehilfe", S.121.

Institutionen der Transplantationsmedizin auch mit hohen Geldsummen verbunden sind. Ist der Weg dafür erst einmal geebnet, ist die Dimension der Auswirkungen kaum vorstellbar.

Argumente für die Legalisierung der aktiven Sterbehilfe

Das Hauptargument für die Legalisierung der aktiven direkten Sterbehilfe ist, dass in schwerwiegenden Verläufen einer terminalen Krankheitsphase die Patienten menschenunwürdig sterben müssen. Wie bereits erwähnt, gibt es vereinzelt Fälle, in denen eine palliativmedizinische Versorgung nicht ausreichend oder überhaupt aus ökonomischen Gründen nicht möglich ist. Ärzte oder Pflegende erleben in Krankenhäusern Patienten, die bei völligem Bewusstsein unter qualvollen Schmerzen in einem lang andauernden Prozess ersticken. Und obwohl der Wille des entscheidungsfähigen Patienten eindeutig vorliegt, sind dem medizinischen Personal die Hände gebunden. Oftmals wird die Legalität der passiven und indirekten Sterbehilfe ausgenutzt, um aktive direkte Sterbehilfe zu leisten. Wenn die Legalisierung durchgesetzt werden würde, könnte man durch scharfe Kontrollen und Eingrenzungen der Fälle, an denen die aktive direkte Sterbehilfe überhaupt erlaubt sei, dieser Vertuschung vorbeugen. Ein weiteres Argument für die Legalisierung der aktiven direkten Sterbehilfe ergibt sich aus der ärztlichen Berufung Leiden zu lindern. Auch wenn für viele das Töten nicht zu den Aufgaben des Arztes zählt, sollte es in den Fällen erlaubt und geboten sein, in denen die Linderung schwerster Leidenszustände anders nicht mehr möglich ist. So überwiegt in diesen Fällen der Wunsch des Patienten, würdevoll zu sterben das ärztliche Gebot niemanden – auch nicht einen Sterbenden – töten zu dürfen. Ermöglicht ein Arzt dem in naher Zukunft sowieso sterbenden Patienten seinem Wunsch entsprechend einen würdevollen Tod, statt ihn qualvoll leiden zu lassen, wird das Vertrauensverhältnis zwischen dem Patienten und dem Arzt auch gestärkt – entgegen der Meinung der Gegner der Legalisierung.[145] Zu wissen, dass am Lebensende kein qualvoller Kampf, sondern ein friedliches Einschlafen auf einen warten kann, wenn man das will, beruhigt die meisten Menschen. Mit einem Arzt des Vertrauens über das Lebensende zu sprechen und ihm die Fügung für den Fall der eigenen Machtlosigkeit zu übergeben, intensiviert das Arzt-Patienten-Verhältnis.

---

[145] Grimm, Hillebrand, "Sterbehilfe", S.125.

Fazit

Das Feuer in der ethischen Debatte um die Sterbehilfe wird mit Bekanntwerden neuer umstrittener Fälle immer wieder neu entfacht. Der Artikel in der Zeitung „Die Zeit" hat die Diskussion wieder ins Rollen gebracht. Neu war dieses Mal, dass zu der Frage, ob die aktive Sterbehilfe legalisiert werden darf, noch schärfer die Kombination aus aktiver Sterbehilfe und anschließender Organtransplantation hinterfragt wurde. Die größte Gefahr, die sich hier herauskristallisiert, hat der Hausarzt von der belgischen Patientin folgendermaßen ausformuliert: „Diese extrem reichen Menschen, die eine Bauchspeicheldrüse brauchen, und dann ist da jemand, der ein passendes Organ hat und nicht sterbenskrank ist... Vielleicht würden sie mir zehn Millionen Euro zahlen, um den Patienten zu überreden, seine Organe zu spenden."[146] Es steckt eine ungeheure Gefahr dahinter, wenn in den Ländern, in denen die Legalisierung der aktiven Sterbehilfe durchgesetzt wurde, die Sterbehilfe von der Organspende nicht getrennt wird. Denn das Interesse, Organe zu beschaffen, ist so hoch, dass nicht gewährleistet ist, dass ein Sterbehilfeantrag neutral bewertet wird. Gerade aber in den Ländern wie Belgien und Niederlande, in denen die aktive Sterbehilfe legalisiert wurde, ist die Mindestvoraussetzung für die Organentnahme die Herztoddiagnose, die bei einer aktiven Sterbehilfe erzielt wird. Mit steigender Knappheit der Spenderorgane ist die Gefahr bei einer Kombination von aktiver Sterbehilfe mit einer Organspende vorhanden, dass Patienten, die den Wunsch zur aktiven Sterbehilfe äußern, ohne neutrale und auf Vertrauensbasis beruhende ärztliche Beratung getötet werden. Patienten, die sich aus psychischem Leiden töten lassen und das Gefühl haben, eine sinnlose Gestalt in diesem Weltgeschehen zu sein, könnte das Gefühl vermittelt werden, mit ihrem Tod und der anschließende Organspende doch nützlich für die Gesellschaft zu sein. Wie in dem Fall aus Belgien konnte die Sterbehilfeempfängerin mit ihrer Organspende fünf Kindern das Leben retten. Das mögen die Utilitaristen befürworten, doch das ist m. E. ein Argument mehr für die Trennung von aktiver Sterbehilfe und Organspende und überhaupt ein Argument mehr gegen die Legalisierung der aktiven Sterbehilfe in Deutschland bzw. ein Argument mehr für die Aufhebung der Legalisierung in den Niederlanden und Belgien. Wenn schwerkranke Patienten, welche aufgrund der Unheilbarkeit ihrer Krankheit, aufgrund eines qualvoll bevorstehenden

---

[146] "Carine, 43, lässt sich töten", DIE ZEIT, S. 19.

Todes oder der Alternativlosigkeit in der Therapie den Wunsch zur aktiven Sterbehilfe äußern, so sollten sie diese auch in den Ländern mit Legalisierung empfangen dürfen. Es muss aber gewährleistet sein, dass mit der aktiven Sterbehilfe dem Patienten ein Leiden erspart bleibt und der Patient Therapien jeglicher Art erhalten hat, aber sein Zustand trotzdem diesem qualvollen unaufhaltsamen Ende immer mehr zustrebt. Wenn allerdings in den Kliniken im Hintergrund die „Organkassen klingeln", wird der Mensch bis zum Tod nicht mehr als Mensch betrachtet, sondern ab dem Moment der abgegebenen Willenserklärung zur Sterbehilfe sowie zur anschließenden Organspende, bewusst provokant formuliert, als ein Ersatzteillager für Organe. Das ist mit der allgemein geltenden Norm der Unantastbarkeit des Menschen nicht vereinbar. Ist die strafrechtliche Basis erst einmal gegeben, wird der Gebrauch allein durch ethische Diskussionen nicht mehr zu stoppen sein. Und das ist einer der Gründe, warum die aktive Sterbehilfe in Deutschland nicht legalisiert werden sollte. Die Gefahr ist einfach zu hoch, dass mit der Legalisierung utilitaristische Argumentationen Oberhand gewinnen. Auch wenn Deutschland eine negative Vergangenheit diesbezüglich hat und besonders darauf achten wird, dass ein lebenswertes oder -unwertes Leben nicht nach den Kriterien einer Nützlichkeit für die Gesellschaft beurteilt wird, sondern allein nach dem Wunsch des Patienten, so besteht die Gefahr, dass Patienten zu einer Wunschäußerung gebracht werden. Jeder Mensch hat den Anspruch auf eine ganzheitliche Therapie. Bei einer Legalisierung wird ungewollt von Seiten des Staates Druck aufgebaut, dass Menschen, die psychisch oder physisch leiden, sich töten lassen können. Das mag utilitaristisch für den Staat von Vorteil sein, nicht aber für die Gesellschaft. Denn handelt man in Angelegenheiten, die das Menschsein an sich betreffen, rein nach der Kosten-Nutzen-Rechnung, so ist die Furcht vor der Antastbarkeit der menschlichen Würde so groß, dass von einer Lebensqualität nicht mehr gesprochen werden kann. Das Auftreten vermehrten psychischen Leidens ist ein Stück weit auch dem Umstand verschuldet, dass von den Menschen ein zu hohes Maß an Eigenverantwortlichkeit erwartet wird.

Außerdem ist auch die Frage zu stellen, inwieweit sich der Arzt mit dem Normalwerden des Tötens noch mit voller Überzeugung für ein ganzheitliches Heilen einsetzen kann oder wird. Es gibt legalisierte Sterbehilfeformen, die dem Patienten auf dem letzten Weg eine gute Sterbebegleitung ermöglichen können, ohne des unmoralischen Aktes, einen Menschen zu töten. Gerade in der Palliativmedizin wird die große Chance gesehen, den Patienten wirklich das zu geben, was sie in schwierigen Krankheitsphasen benötigen und zwar auf sanfte Art und Weise. Durch das Bekanntwerden der palliativmedizinischen

Versorgung sank, wie in Studien erwiesen, sowohl auf Seiten der Patienten als auch dem medizinischen Personal, die Sympathie für eine Legalisierung der aktiven Sterbehilfe. Statt die Legalisierung anzustreben, sollten die Möglichkeiten der Palliativmedizin für alle Patienten zugänglich sein. Denn der Wunsch des Patienten, am Lebensende den Angehörigen, dem medizinischen Personal oder dem Staat nicht zur Last zu fallen, keine Schmerzen zu haben und die Angst vor Einsamkeit, Hilflosigkeit, dem Sterben oder des Angewiesenseins auf andere, darf nicht gleichgesetzt werden mit dem Wunsch auf einen schnellen Tod. Mit einer palliativmedizinischen Versorgung könnte der Patient ganzheitlich betreut und begleitet werden. Auch wenn die Ressourcen der Gesundheitskassen knapp sind, sollte, da der Mensch im Mittelpunkt steht, darauf hingearbeitet werden, dass diese Versorgung allen Menschen zusteht. Aber auch wenn allen Patienten diese Versorgung zugänglich ist, gibt es einige ganz schwierige Fälle, die mit den Möglichkeiten der Palliativmedizin nicht versorgt werden können. In diesen Fällen kann ein langer qualvoller Sterbeprozess nicht verhindert werden. Für diese Fälle wäre eine Legalisierung sicherlich wünschenswert. Ärzte, Pflegende und Angehörige werden in eine Situation gebracht, in der sie aus Mitleid dem Patienten einen schnellen Tod wünschen und sicherlich die Gelegenheit der Grauzonen anderer Sterbehilfeformen ausnutzen, um diesen auf eine legale Weise herbeizuführen. Wenn man wie Ärzte oder Pflegende nicht tagtäglich mit dem Leid der Patienten konfrontiert ist, kann man sich schwer in deren Lage versetzen und argumentiert allzu schnell mit der rechtlichen und ethischen Unzulässigkeit. Es ist schwierig, eine Lösung für dieses Dilemma zu finden. M. E. führt der Weg zu einer Lösung nur durch die Akzeptanz der Grenze des Machbaren. Es muss mit der Wiederherstellung des durch die technischen Errungenschaften verlorenen Verständnisses über die natürlichen Prozesse des Lebens ein Umdenken der Gesellschaft, des Einzelnen und der technischen Einstellung erfolgen, um alle Zügel des Lebens in der Hand halten zu können und gleichzeitig auch zu wollen. In einer Welt, in der verlangt wird, dass jeder Einzelne mehr Eigenverantwortung übernimmt, wird auch gleichzeitig verlangt, das Leben selbstbestimmt und autark zu gestalten und so auch das Ende. Schwäche wird dabei als Zeichen des Versagens gesehen und so kämpfen viele Menschen darum, diese Schwäche nicht zu zeigen. Ein Mensch darf aber schwach und auf die Hilfe von anderen angewiesen sein. Dieses Umdenken eröffnet gerade in der Sterbehilfedebatte neue Perspektiven. Denn wenn wir es zulassen können, uns als Teil des Ganzen zu fühlen, so können wir die Unterstützung von Angehörigen, der Gesellschaft oder dem Glauben annehmen, ohne unsere

Individualität zu verlieren. Mit dieser Annahme erkennen wir, dass andere auch für uns verantwortlich sind und wir auch die Pflicht haben, Verantwortung für andere zu übernehmen. So ist die Angst am Lebensende, eine Last für andere zu werden und der Wunsch, den Tod selbst zu bestimmen, nicht mehr im Vordergrund und die medizinische und gesellschaftliche Versorgung kann angenommen werden. Die Frage nach der Legalisierung der aktiven Sterbehilfe stellt sich dann, bis auf wenige Fälle, wo die Palliativmedizin nicht hilft, erst gar nicht mehr.

Literaturverzeichnis

Aristoteles, *Nikomachische Ethik*, Stuttgart 1983.

Beck, T., Kirste, G., *Die Welt mit anderem Herzen sehen. Organspende und Transplantation*, Frankfurt a. M. 2010.

Brockhaus (Hrsg.),Art. „Eugenik", in: *Brockhaus Enzyklopädie in vierundzwanzig Bänden*, Band 6 (1988), S.617.

Brockhaus (Hrsg.),Art. „Rassismus", in: *Brockhaus Enzyklopädie in vierundzwanzig Bänden*, Band 18 (1992), S.69f.

Brockhaus (Hrsg.),Art. „Sozialdarwinismus", in: *Brockhaus Enzyklopädie in vierundzwanzig Bänden*, Band 20 (1993), S.521.

Brockhaus (Hrsg.),Art. „Zoon Politikon", in: *Brockhaus Enzyklopädie in vierundzwanzig Bänden*, Band 24 (1994), S.594.

Capelle, W., *Hippokrates: Fünf auserlesene Schriften*, Zürich 1995.

„Carine, 43, lässt sich töten", DIE ZEIT N° 43 vom 20.Oktober 2011.

Deutscher Bundestag (Hrsg.), *Grundgesetz für die Bundesrepublik Deutschland*, Berlin 2001.

Frieß, M., *„Komm süßer Tod" – Europa auf dem Weg zur Euthanasie? Zur theologischen Akzeptanz von assistiertem Suizid und aktiver Sterbehilfe*, Stuttgart 2008.

Grimm, C., Hillebrand, I., „Sterbehilfe", in: Sturma, D., Lanzerath, D., Heinrichs, B.(Hrsg.), *Ethik in den Biowissenschaften – Sachstandsberichte des DRZE*, Band 8, München 2009.

Hermann, A., Art. „Euthanasie", in: von Ritter, J. (Hrsg.), *Historisches Wörterbuch der Philosophie*, Band 2, Basel 1972, S. 828 – 829.

Holthaus, S., Jahnke, T., *Aktive Sterbehilfe – Ausweg oder Irrweg?*, Basel 2008, S.23f.

Junginger, T., u.a., *Grenzsituationen in der Intensivmedizin: Entscheidungsgrundlagen*, Berlin, Heidelberg 2008.

Kant, I., *Grundlegung zur Metaphysik der Sitten*, Stuttgart 1998.

Körtner, U.H.J., „Therapieverzicht am Lebensende? Ethische Fragen des medizinisch assistierten Sterbens", in: *Zeitschrift für medizinische Ethik* 48 (2002).

Kutzer, K., „Das Recht auf den eigenen Tod", in: Student, J.-C. (Hrsg.), *Das Recht auf den eigenen Tod*, Düsseldorf 1993.

Letellier, P., „Geschichte und Definition eines Begriffs", in: LIT Verlag (Hrsg.), *Euthanasie Band 1 – Ethische und menschliche Aspekte*, Münster 2005.

Mill, J. S., *Der Utilitarismus*, Stuttgart 2006.

Müller, S., „Wie tot sind Hirntote? Alte Frage – neue Antworten", in: *Aus Politik und Zeitgeschichte* 20-21 (2011).

Nagel, E. u.a., „Transplantationsmedizin zwischen Fortschritt und Organknappheit. Geschichte und aktuelle Fragen der Organspende", in: *Aus Politik und Zeitgeschichte* 20-21 (2011).

O'Brien, T., „Was ist Palliativpflege", in: LIT Verlag (Hrsg.), *Euthanasie Band 1 – Ethische und menschliche Aspekte*, Münster 2005.

Oduncu, F. S., *In Würde sterben – Medizinische, ethische und rechtliche Aspekte der Sterbehilfe, Sterbebegleitung und Patientenverfügung*, Göttingen 2007.

Psychrembel, W. (Begr.), Dornblüth, O. (Begr.), „Hippokratischer Eid", in: *Pschyrembel – Klinisches Wörterbuch* (2002), S. 699.

Psychrembel, W. (Begr.), Dornblüth, O. (Begr.), „infaust", in: *Pschyrembel – Klinisches Wörterbuch* (2002), S. 790.

Psychrembel, W. (Begr.), Dornblüth, O. (Begr.), „Sterbehilfe", in: *Pschyrembel – Klinisches Wörterbuch* (2002), S. 1584.

Ritter, J., „Utilitarismus", in: *Historisches Wörterbuch der Philosophie*, Band 11, Basel 1972.

Singer, P., „Die alte Ethik bröckelt". Hartmut Kuhlmann im Gespräch mit Peter Singer, in: *UNIVERSITAS*, 1998.

Singer, P., *Praktische Ethik*, Stuttgart 1994.

Stephan Höntsch (2006): Die aktive Sterbehilfe als Verfassungsproblem

Einführung

Es gibt nicht viele Themen, die nicht nur innerhalb der Jurisprudenz eine Vielzahl von Juristen unterschiedlichster Fachrichtungen beschäftigen, sondern auch in der Gesellschaft überaus konträr und emotional diskutiert werden. Der Streit um die generelle Zulässigkeit von Sterbehilfe ist ein solches Thema. Dabei ist die Kontroverse nicht speziell ein Phänomen unserer Zeit, auch wenn durch immer neuere medizinische Erkenntnisse und Fortschritte das Problem teils noch verschärft wird, sondern beschäftigte bereits die Menschheit in der Antike.[147] Weitere Brisanz erhält die Auseinandersetzung in Deutschland durch die Erfahrungen aus der Zeit des Nationalsozialismus und deren menschenverachtenden Eugenik-Programmen unter dem Deckmantel der Euthanasie. Dass die Einführung gesetzlicher Regelungen nicht zwangsläufig ein Tabu darstellt, zeigt sich in unseren Nachbarländern Belgien und den Niederlanden. Beide Staaten haben unlängst die Anwendung aktiver Sterbehilfe durch entsprechende Gesetze legalisiert.[148] Es stellt sich demnach die Frage, ob und inwieweit eine solche Gesetzgebung mit dem unsrigen Menschenbild und unseren Werten vereinbar ist.

Aufgabe dieser Arbeit wird hierbei sein, die von manchen Wissenschaftlern[149] und Teilen der Gesellschaft[150] geforderte Einführung der aktiven Sterbehilfe in Deutschland im Hinblick auf die Verfassung und ihrer Grundrechtsgewährleistungen zu untersuchen. Schwerpunkte der Prüfung werden dabei die Würde des Menschen und das Recht auf Leben sein, welche beide Höchstwerte unserer Gesellschaft sind. Es sollen die Fragen beantwortet werden, ob die Situation *de lege lata* mit der

---

[147] *Oduncu*, in MedR 2005, 437 (438) m.w.N.

[148] Verabschiedung durch das belgische Parlament am 16.05.2002; Verabschiedung durch das niederländische Parlament am 10.04.2001, in Kraft getreten am 01.04.2002.

[149] *Hoerster*, in NJW 1986, 1786 (1786 ff., 1792); ders., in ZRP 1988, 1 (1 ff.); *Kusch*, in NJW 2006, 261 (261 ff.); *Schobert*, in DRiZ 2005, 266 (266 f.).

[150] Demnach befürworten 64-80% der Bevölkerung eine aktive Sterbehilfe, Nachweis bei *Oduncu/Eisenmenger*, in MedR 2002, 327 (327); *Oduncu*, in MedR 2005, 437 (438 und 516); 74% gemäß einer Forsa-Umfrage, veröffentlicht in Stern Nr. 42 vom 13.10.2005, S. 31.

Verfassung vereinbar ist und ob die Pflicht oder die Möglichkeit für den Gesetzgeber besteht, die aktive Sterbehilfe *de lege ferenda* zuzulassen.

Terminologische Abgrenzung

Die Thematik der Sterbehilfe erstreckt sich auf eine Vielzahl von Fachgebieten, die hierbei untereinander unterschiedliche Definitionen gebrauchen. Um anschließend näher auf die aktive Sterbehilfe eingehen zu können, muss vorab klar festgestellt werden, welche Handlungen sich hierunter subsumieren lassen und welche Problembereiche außen vor gelassen werden müssen.

Grundsätzliches zum Begriff Sterbehilfe

Der Begriff Sterbehilfe ist ein speziell deutscher Ausdruck, der in anderen Ländern nicht gebräuchlich ist. Er stellt ein Synonym für die aus dem griechischen kommende Bezeichnung Euthanasie dar. Die Euthanasie als der gute Tod im Sinne eines schnellen und schmerzfreien Sterbens, geht auf die Antike zurück.[151] Bekannt ist in diesem Zusammenhang die Aussage in Sophokles' Werk Elektra: „Der Tod ist noch das Schlimmste nicht, viel mehr den Tod ersehnen und nicht sterben dürfen". Der Begriff wurde in seiner ursprünglichen Bedeutung nicht in dem Zusammenhang gebraucht wie heute die Sterbehilfe, sondern bezog sich vielmehr auf ein schnelles und schmerzfreies Ende. Diese Bedeutung wurde im Nationalsozialismus konterkariert, wo unter der Bezeichnung Euthanasie hunderttausende Menschen im Zuge der Eugenik-Programme getötet wurden. Die Nationalsozialisten bezogen sich dabei auf ein Journal, welches von dem Juristen *Karl Lorenz Binding* und dem Psychiater *Alfred Erich Hoche* 1920 unter dem Titel „Die Freigabe der Vernichtung lebensunwerten Lebens" veröffentlicht wurde. Danach sollte sogar die Tötung von so genannten „Blödsinnigen" und „Schwachsinnigen" ohne dessen Zustimmung erlaubt sein. Diese von den Nationalsozialisten auch unter dem Decknamen *Gnadentod* durchgeführten Verbrechen wurden schließlich bei den Nürnberger Prozessen als Euthanasie-Verbrechen tituliert. Infolge dieser negativen geschichtlichen Vorprägung des Begriffs der Euthanasie wird die Diskussion in Deutschland unter der Bezeichnung Sterbehilfe geführt.

---

[151] Nachweis bei *Oduncu*, in MedR 2005, 437 (438).

Abgrenzung aktiver von passiver Sterbehilfe[152]

Eine der wichtigsten Unscheidungen findet dabei zwischen der aktiven und der passiven Sterbehilfe statt. Unter passiver Sterbehilfe versteht man gemeinhin das Sterbenlassen[153], d.h. die Nichtaufnahme, die Einschränkung oder den Abbruch lebenserhaltender Maßnamen. Bei der passiven Sterbehilfe wird vom Arzt nicht in die körperliche Integrität des Patienten eingegriffen, vielmehr unterlässt der Arzt medizinisch mögliche Handlungen, die in der Lage sind, den Tod des Patienten zumindest temporär zu verzögern.[154] Als Unterlassen wird dabei auch der Weiterbehandlungsverzicht verstanden, bei dem aktiv lebenserhaltende Maßnahmen abgebrochen werden.[155] Das wichtigste Kriterium dabei ist, dass die Kausalkette, die schlussendlich im Tod endet, bereits gesetzt wurde. Der Abbruch der Behandlung respektive deren Nichteinleitung haben zwar ein Längerleben verhindert, sie sind aber weder Ursache des Todes noch haben sie ihn beschleunigt. Die vorgenommene Abgrenzung ist insoweit wichtig, als dass das Unterlassen unter bestimmten Voraussetzungen straffrei bleibt bzw. sogar nach herrschender Auffassung als geboten erscheint.[156] Demnach entspricht es der Autonomie des Patienten gemäß Art. 1 Abs. 1 und Art. 2 Abs. 1 S. 1 GG, über seinen Körper in eigener Verantwortung zu verfügen. Unstreitig ist, dass der Patient die Behandlung auch dann ablehnen kann, wenn der Sterbevorgang noch nicht begonnen hat. Dies trägt auch der von Lehre und Rechtsprechung nahezu einhellig vertretenen Ansicht, jeder ärztliche Eingriff, egal ob indiziert oder nicht, stelle eine tatbestandliche Körperverletzung dar, Rechnung.[157] Ein jeder Heileingriff[158] bedarf somit

---

[152] Die Zulässigkeit der aktiven Sterbehilfe wird weit überwiegend im Arzt-Patienten-Verhältnis diskutiert, weshalb auch hier der Augenmerk auf diesen Personenkreis liegt.

[153] Zur Kritik der Terminologie: Stellungnahme des Nationalen Ethikrats, Selbstbestimmung und Fürsorge am Lebensende vom 13. Juli 2006, S. 28f.; ähnlich *Merkel*, in JZ 1996, 1145, (1155); *Otto*, in NJW 2006, 2217; *Schöch/Verrel*, in GA 2005, 553 (559); FAZ vom 27.04.2004, S. 33.

[154] Zu denken ist da vorrangig an den Verzicht auf einen Respirator oder Magensonden.

[155] *Eser*, in S/S, StGB, Vorbem §§ 211 ff. Rn. 27.

[156] *Eser*, in S/S, StGB, Vorbem §§ 211 ff. Rn. 28 ff.

[157] *Eser*, in S/S, StGB, § 223 Rn. 29.

der im Vorfeld erteilten oder mutmaßlichen Einwilligung des Patienten. Der Patient entscheidet unabhängig, egal ob vernünftig oder besonnen, ob er ärztliche Hilfe in Anspruch nehmen will. Eine Behandlungspflicht des Arztes kann weder aus seinem Heilauftrag noch aus standesrechtlichen Regeln begründet werden.[159] In der passiven Sterbehilfe liegt folglich nur ein Sterbenlassen. Die Terminologie ist dahingehend unklar, dass gerade jegliche Hilfe[160], die Einfluss auf den Ablauf nehmen kann, unterlassen wird. Die passive Sterbehilfe zeichnet sich schlussendlich dadurch aus, dass der Arzt keinen Einfluss auf den normal verlaufenden Sterbeprozess nimmt.

Im Unterschied dazu handelt es sich bei der aktiven Sterbehilfe um eine strafbare Tötung auf Verlangen im engeren Sinne. Die zum Tode führende Handlung wird hier auf den ausdrücklichen und ernsthaften Wunsch des Betroffenen hin vorgenommen. Der Arzt setzt, durch die Applikation von nicht durch die Krankheit bedingten Medikamenten, bewusst die Ursache des Todes. Der Erfolg der Handlung wird ausschließlich in der Tötung gesehen, unabhängig davon, ob der Patient infolge seines Grundleidens wenig später oder erst in unabsehbarer Zeit gestorben wäre. Abzugrenzen bleiben des Weiteren die Fälle des § 216 StGB, die von vornherein nicht medizinisch indiziert sind und eine Tötung auf Verlangen, im weiteren Sinne, aus sonstiger Motivation darstellen. Als aktive Sterbehilfe sollen im Wege dieser Arbeit hauptsächlich all diejenigen Fälle betrachtet werden, die absichtlich lebensbeendendes Handeln durch den Arzt, auf ausdrückliches Bitten des schwerstkranken Patienten hin zum Zwecke der Leiderlösung, umfassen.[161]

---

[158] Dazu gehört nicht die sog. Basispflege: Menschenwürdige Unterbringung, Pflege, Zuwendung, Körperpflege und Linderung von Schmerzen, Hunger und Durst auf natürlichem Wege, siehe dazu Deutsches Ärzteblatt, Heft 19 vom 7. Mai 2004, Grundsätze der Bundesärztekammer zur ärztlichen Sterbebegleitung.

[159] BGHSt 40, 257 (260); BGHZ 154, 205 (215); *Lackner/Kühl*, StGB, 25. Aufl., 2004, Vorb. § 211 Rn. 8; *Eser*, in S/S, StGB, § 223 Rn. 29; *Tröndle/Fischer*, StGB, § 223 Rn. 11; *Höfling*, in JZ 2006, 146; *Otto*, in NJW 2006, 2217 (2218); *Schöch/Verrel*, in GA 2005, 553 (562 f.).

[160] Eine Hilfe im Sterben, welche z.B. eine palliative Behandlung umfasst, widerspricht dem nicht, da der Arzt weiterhin Garant für die körperliche Unversehrtheit des Patienten ist.

[161] BGHSt 37, 376; *Lindner*, in JZ 2006, 373 (373); *Oduncu*, in MedR 2005, 437 (439).

Abgrenzung indirekter von direkter Sterbehilfe

Das signifikanteste Unterscheidungsmerkmal der aktiven zur passiven Sterbehilfe ist das positive Tun, welches den Tod nicht als unmittelbare Konsequenz aus der Krankheit, sondern aus der Medikamentengabe herbeiführt. Schwierig gestalten sich dabei die Fälle, wo die Verabreichung eines z.b. schmerzlindernden Medikaments negativen Einfluss auf die verbleibende Lebenszeit hat. Die indirekte aktive Sterbehilfe umfasst Fälle, in denen die ärztlich gebotene Medikation, unbeabsichtigt, aber als in Kauf genommene unvermeidbare Nebenfolge den Todeseintritt beschleunigt.[162] Da sich die ärztliche Handlung hier in ihrer Zielsetzung der Leidminderung, ohne eine Tötung anzustreben, erschöpft, erfährt diese Definition vielfach Kritik.[163] Bedeutung erlangt die Differenzierung ebenfalls dadurch, dass die indirekte Sterbehilfe straffrei bleibt.[164] Streitig ist dabei jedoch, auf welchem Weg die Straffreiheit realisiert werden soll.[165] Ob, wie eine Auffassung vertritt, die indirekte Sterbehilfe schon gar nicht vom Tatbestand der §§ 212 ff. StGB erfasst wird[166], oder ob der Arzt aufgrund des § 34 StGB gerechtfertigt ist, bleibt im Ergebnis unerheblich. Der Bundesgerichtshof erklärt hierzu: „Die Ermöglichung des Todes in Würde und Schmerzfreiheit gemäß dem erklärten oder mutmaßlichen Patientenwillen ist ein höherwertiges Rechtsgut als die Aussicht, unter schwersten, insbesondere sogenannten Vernichtungsschmerzen noch kurze Zeit länger leben zu müssen."[167] Auch besteht außerhalb der Rechtswissenschaft Einigkeit über deren Zulässigkeit. Papst Pius XII. führte bereits 1957[168] aus: „Wenn die Verabreichung narkotischer Mittel von selbst zwei verschiedene Wirkungen hervorruft, einerseits die

---

[162] BGHSt 42, 301, (305).

[163] Vgl. Nationaler Ethikrat, (Fn. 7), S. 28: Fasst die indirekte Sterbehilfe unter den Begriff „Therapien am Lebensende" zusammen.

[164] *Eser*, in JZ 1986, 786 (793); *Schöch/Verrel*, in GA 2005, 553 (573 ff.).

[165] *Eser*, in S/S, StGB, Vorbem § 211 Rn. 26; *Hufen*, in NJW 2001, 849 (855); *Lüderssen*, in JZ 2006, 689 (690); *Schöch/Verrel*, in GA 2005, 553 (573 f.) m.w.N.

[166] So z.B. *Dreher/Tröndle*, StGB, Vor § 211 Rn. 17.

[167] BGHSt 42, 305.

[168] *Papst Pius XII.* am 24.2.1957 in seiner Ansprache auf dem 9. Italienischen Kongress für Anästhesiologie.

Linderung der Schmerzen und andererseits die Verkürzung der Lebensdauer, so ist sie erlaubt [...]." Diese Praktik ist mit dem Begriff der Doppelwirkung benannt.[169]

Selbsttötung und Teilnahme

Unstreitig[170] in unserer Gesellschaft ist die Frage der Straflosigkeit der Selbsttötung.[171] In der Strafrechtslehre bleibt die Selbsttötung bzw. dessen Versuch schon deshalb ohne Strafe, weil sie tatbestandlich nicht vom Verbot der §§ 211f. StGB umfasst sein soll. Trotz der sich nicht unmittelbar aus dem Wortlaut der Vorschriften ergebenden Auslegung, ist man sich heute einig, dass der Sinn und Zweck des Tötungsverbotes darin zu sehen ist, dass die Tötung eines anderen Menschen verboten sein soll.[172] Ob und inwieweit sich, hinsichtlich der strafrechtlichen Position, ein Recht auf den eigenen Tod und dessen Selbstvornahme auch aus der Verfassung ergibt, soll noch geklärt werden. Schwierig gestalten sich in dieser Konstellation jedoch die Fälle, in denen weitere Personen involviert sind. Im Hinblick auf die strafrechtliche Beurteilung hat die Abgrenzung zwischen aktiver Sterbehilfe und Beihilfe zum Selbstmord wesentliche Bedeutung. Derjenige, der dem Suizidenten lediglich bei dessen freiverantwortlichen Selbsttötung assistiert, z.B. durch Verschaffung des Tatmittels, bleibt aufgrund der fehlenden rechtswidrigen Haupttat straffrei. Voraussetzung für die Straffreiheit ist jedoch, dass der sich selbst Tötende zur jeder Zeit die Tathandlung in den Händen behält, d.h. die Tatherrschaft besitzt. Probleme bereitet diese Konstellation durch die Rechtsprechung

---

[169] Vgl. *Merkel*, in JZ 1996, 1145 (1148); *Oduncu*, in MedR 2005, 437 (439 f.).

[170] Abgesehen von der juristischen Bewertung wird durch den christlichen Glauben, im Hinblick auf die Verletzung des sechsten Gebotes, die Selbsttötung als unzulässiger Eingriff in die göttliche Schöpfungsordnung angesehen; ablehnend auch Immanuel Kant unter Verweis auf den kategorischen Imperativ (s. Fn. 65), dazu *Correll*, in AK-GG, Art. 2 Abs. 2 Rn. 40 m.w.N.; ausführlich dazu Staatslexikon, Stichwort Selbsttötung, S. 1154 ff.; ebenfalls Evangelisches Staatslexikon, Stichwort Suizid, S. 2426 ff.

[171] Auf deutschen Gebiet wurde bereits 1813 im BayRStGB die Selbsttötung straffrei gestellt, dem folgte dann das RStGB von 1871; anders in England, wo erst nach Verabschiedung des sog. Suicide Act 1961 die Selbsttötung straffrei gestellt wurde; *Otto*, in NJW 2006, 2217 (2221).

[172] *Tröndle/Fischer*, StGB, §§ 211 bis 216 Rn. 10; *Eser*, in S/S, StGB, Vorbem § 211 Rn. 33.

des Bundesgerichtshofs.[173] Nach dessen Auffassung bleibt die Beihilfe zum Selbstmord zunächst straffrei.[174] Eine Änderung der Situation soll jedoch dann eintreten, wenn der Suizident handlungsunfähig geworden ist. Der Hilfeleistende kann sich nach dem Tatherrschaftswechsel entweder wegen unterlassener Hilfeleistung oder sogar wegen Totschlag bzw. Tötung auf Verlangen durch Unterlassen strafbar machen.[175] Des Weiteren wird kritisiert, dass in gewissen Fallkonstellationen eine trennscharfe Abgrenzung zur aktiven Sterbehilfe nicht schlüssig ist.[176] Zu denken ist da an Fälle, in denen zum einen dem zum Tode Entschlossenen ein Becher mit einer tödlich wirkenden Menge Gift hingestellt wird, zum anderen der Becher auf dessen Bitten noch zum Trinken an den Mund geführt wird. Auf die verfassungsrechtliche Zulässigkeit dieser Unterscheidung wird im Folgenden noch einzugehen sein.

Letztendlich kann festgehalten werden, dass die Beihilfe zur Selbsttötung sich von der aktiven Sterbehilfe insoweit unterscheidet, dass die todbringende Handlung, ungeachtet späteren Unterlassens, stets vom Suizidenten selbst und eigenverantwortlich vorgenommen wurde. Eine Fremdverfügung oder Fremdtötung liegt damit nicht vor.

Zusammenfassung

Trotz aller Kritik an der zugegebenermaßen nicht immer einleuchtenden Terminologie, sollen, um weitere Konfusion zu vermeiden, die Begriffe wie oben dargestellt verwendet werden.

---

[173] BGHSt 32, 367, 374.

[174] Zusammenfassend und zur Kritik der Literatur *Eser*, in S/S, StGB, Vorbem § 211 Rn. 42ff.

[175] Bejahend BGHSt 13, 162, 166; ablehnend für Fälle freiverantwortlichen Handelns des Sterbewilligen die wohl h.M., vgl. *Eser*, in S/S, StGB, § 216 Rn. 10.

[176] Vgl. Gutachten von *Roxin*, in NStZ 1987, 345 zur BGH NJW 1987, 1092 f. im sog. „*Scophedal-Fall*".

Konkretisierung der betroffenen Grundrechte

Im Vorfeld der Betrachtung der aktiven Sterbehilfe als konkretes verfassungsrechtliches Problem bedarf es einer genaueren Analyse der in Frage kommenden Grundrechte. Dabei soll, um später darauf zurückzukommen, der Schutzbereich der Würde des Menschen und des Rechts auf Leben eingehender untersucht werden.

Die Würde des Menschen, Art. 1 Abs. 1 GG

Die Würde des Menschen ist unantastbar. Diese Formulierung hat schon zu Beginn des Grundgesetzes starke Diskussionen in Rechtsprechung und Lehre hervorgerufen.[177] Grund ist vor allem, dass der Begriff der Würde zum ersten Mal in einer deutschen Verfassung als oberste Verfassungsmaxime[178] auftaucht.[179] Probleme bereitet vor allem der Aussagegehalt dieser Proklamation und deren nicht direkt aus dem Wortlaut zu ermittelnder Schutzbereich.[180] Vielmehr war auch der Parlamentarische Rat sich einig, dass die Würde weiterer Konkretisierung bedarf.[181] Nachstehend soll anhand der Auslegung versucht werden, den von Art. 1 Abs. 1 GG erfassten Schutzradius zu umfassen.

Entstehungsgeschichtliche/Historische Erfassung

Nach dem Ende des Zweiten Weltkrieges und den Erfahrungen der nationalsozialistischen Gewaltherrschaft und deren Verbrechen gegen die Menschlichkeit, sollte in aller Deutlichkeit eine Rückbesinnung auf die Menschen- und Bürgerrechte verdeutlicht werden.[182] Dies geschah zum einen durch die Voranstellung aller Grundrechte im 1. Abschnitt des Grundgesetzes, dadurch sollte zugleich deren Bedeutsamkeit für alle

---

[177] *Stern*, Staatsrecht III/1, S. 17 ff.

[178] Bereits BVerfGE 5, 85 (204).

[179] *Enders*, in Friauf/Höfling, C Art. 1 Rn. 18.

[180] „Menschenwürde ist ein Begriff, der durch zweieinhalbtausend Jahre Philosophiegeschichte gegangen ist und in verschiedenen philosophischen Traditionen verschiedene Gestalt gewonnen hat." *Pieroth/Schlink*, Grundrechte Staatsrecht 2 (Aufl. 21), Rn. 353.

[181] Heuss spricht in der 4. Sitzung des Grundsatzausschusses vom 23.09.1948, Parl.Rat V von einer „nicht interpretierten These", Nachweis bei *Enders*, in Friauf/Höfling, C Art. 1 Rn. 19.

[182] *Enders*, in Friauf/Höfling, C vor Art. 1 Rn. 33.

nachfolgenden Regelungen versinnbildlicht werden und zum anderen durch die Bestimmung des Art. 1 Abs. 3 GG, der, im Gegensatz zur Weimarer Verfassung, nicht nur die Verwaltung bindet, sondern jegliche staatliche Gewalt. Die Menschenwürdegarantie nimmt dabei jedoch eine Sonderstellung ein. Sie ist im Unterschied zu anderen Regelungen der Verfassung dem Verfügungsverbot des Art. 79 Abs. 3 GG unterworfen. Die sogenannte Ewigkeitsgarantie entzieht dem verfassungsändernden Gesetzgeber das Recht, eine Relativierung jedweder Art vorzunehmen.[183] Die Unantastbarkeit stellt damit zugleich eine absolute Garantie dar.[184] Eine Abwägung mit anderen Grundrechten oder eine Eingriffsrechtfertigung wegen kollidierendem Verfassungsrecht ist nicht möglich. Jeder Eingriff in die Würde des Menschen stellt gleichzeitig deren Verletzung dar. Art. 1 Abs. 1 GG ist folglich einer der „gewichtigsten Aussagen des gesamten Verfassungswerkes".[185] Darüber hinaus wollte der Parlamentarische Rat mit ihr eine „Einleitungsbestimmung" schaffen, die Auskunft über „Absicht, Sinn und Grund der Grundrechte" geben sollte.[186] Die Würde ist diejenige Eigenschaft des Menschen, deretwillen ihm Rechte zustehen können und müssen.[187] Art. 1 GG kommt gleichsam die Funktion einer Präambel für die nachfolgenden Grundrechte zu.[188] Die Menschenwürde sollte dabei den Grund für die Menschenrechte darstellen, d.h. die Funktion der Grundrechte in den Dienst der Menschenwürde stellen.[189] Diese Auffassung kommt auch in dem Wort *darum* zum Ausdruck.[190] Die Würdethese an sich ist dabei nicht einer schöpferischen Auslegung entzogen, sie soll sich jedoch an den nachfolgend aufgeführten Grundrechten sowie an den allgemeinen Freiheits- und Menschenrechten

---

[183] Vgl. nur *Dreier*, in Dreier, Art. 1 I Rn. 43.

[184] *Dreier*, in Dreier, Grundgesetzkommentar, Bd. 1, Art. 1 I Rn. 44.

[185] *Stern*, Staatsrecht III/1, S. 20.

[186] *Enders*, in Friauf/Höfling, C Art. 1 Rn. 18.

[187] Ebd., Rn. 28.

[188] Ebd., Rn. 26.

[189] Ebd., Rn. 26; Grundrechte entfalten […], was in der Idee der Würde des Menschen angelegt ist." so *Di Fabio*, in JZ 2004, 1 (5 f.).

[190] *Stern*, Staatsrecht III/1, S. 34 f. m.w.N.

orientieren.[191] Zu schließen ist daraus, dass die Menschenwürde durch die Grundrechte konkretisiert wird, d.h. ein gewisser Teil jedes Grundrechts seinen Grund in der Menschenwürde hat.[192] Diese Konkretisierung verbietet es nicht,[193] auch nicht direkt vom Grundrechtskatalog erfasste Rechte unter den Schutz der Menschenwürde zu stellen. Die Würdeformel sollte insofern keine Leerformel,[194] sondern eine Norm des objektiven Verfassungsrechts sein.[195] Die Frage, ob es sich darüber hinaus um ein „echtes" Grundrecht handelt, erlangt insoweit Bedeutung, als dass Grundrechte als subjektive Rechte mittels der Verfassungsbeschwerde i.S.d. Art. 93 Abs. 1 Nr. 4a GG[196] gerügt werden können. Der Bürger kann sich somit direkt, mit dem Verweis auf die Verletzung seiner Würde, an das Verfassungsgericht wenden. Der Gewährleistungsgehalt der Menschenwürde müsste dafür auch als subjektives Recht ausgestaltet sein. Gemäß Art. 1 Abs. 1 S. 2 GG hat der Staat die Würde des Einzelnen zu achten und zu schützen. Auch wenn der Parlamentarische Rat Art. 1 GG eher als Einleitungsbestimmung verstand, gestand er eine gewisse Interpretationsoffenheit ein, die auch Werte direkt unter den Schutz der Würde zu stellen vermag. Ob Art. 1 Abs. 1 GG nun als echtes Grundrecht,[197] als Grundprinzip[198] oder Grundsatz[199] verstanden wird, kann

---

[191] *Enders*, in Friauf/Höfling, C Art. 1 Rn. 27.

[192] „Nur wer Menschenrechte anerkennt [...] kann auf die Dauer die Menschenwürde achten." so *Enders*, in Friauf/Höfling, C Art. 1 Rn. 24 m.w.N.; *Böckenförde*, in JZ 2003, 809 (810); *Höfling*, in JuS 1995, 857 (861).

[193] *Enders*, in Friauf/Höfling, C Art. 1 S. 31 Rn. 111.

[194] Vgl. *Stern*, Staatsrecht III/1, S. 22.

[195] *Dreier*, in Dreier, Grundgesetzkommentar, Bd. 1, Art. 1 I Rn. 42.

[196] Verfassungsbeschwerden, die auf Grundlage des Art. 1 Abs. 1 GG zur Entscheidung angenommen worden sind, vgl. BVerfGE 1, 97 (104), 332 (343); 6, 7 (9); 12, 113 (123); 13, 132 (152); 15, 249 (250 ff.).

[197] *Stern*, Staatsrecht III/1, S. 26 f.; *Pieroth/Schlink*, Grundrechte Staatsrecht 2 (Aufl. 21), Rn. 350; *Höfling*, in JuS 1995, 857 (857 f.); *Herdegen*, in MD, Art. 1 Abs. 1 Rn. 26 (Neukommentierung); *Enders*, in Friauf/Höfling, C Art. 1 Rn. 60 m.w.N.; *Epping*, Grundrechte, Rn. 551; BVerfGE 1, 97 (104), E 102, 370 (393), E 109, 133 (151); Menschenwürde als Staatsgrundsatz und subjektives Recht *Hufen*, in JZ 2004, 313 (314 f.); für Artgleichheit mit anderen Grundrechten *Model/Müller*, GG, Art. 1 Rn. 1a.

[198] *Dürig*, in Maunz/Dürig/Herzog, (1958), Art. 1 Rn. 4; *Hoerster*, in JuS 1983, 93 (93 ff.); *Antoine*, Sterbehilfe, § 7 VIII 3, S. 146 f.

hier dahinstehen, da von der herrschenden Meinung zumindest eine direkte Berufung auf die Menschenwürde angenommen wird.[200] Der Bürger kann sich insofern direkt auf den Gewährleistungsgehalt seiner Menschenwürde dem Staat gegenüber berufen, sie stellt insoweit ein subjektives Recht dar.[201]

Abschließend bleibt zu sagen, dass die Verfassungsgeber mit der Implementierung der Menschenwürde kein eigens für sich stehendes Grundrecht schaffen wollten, sondern auf Grund der Erfahrungen aus der Zeit des Nationalsozialismus, nochmals die Sonderstellung des Menschen hervorheben wollten. Die Menschenwürde wird nicht erst durch staatliche Normierung verliehen, sie ist jedem menschlichen Wesen zu Eigen und muss durch die Anerkennung von Grundrechten geschützt werden.[202] Eine positive Schutzbereichsbestimmung kann aus der Entstehungsgeschichte nur unter Zuhilfenahme der Grundrechte geschehen. Ein eigener klar umrissener Schutzbereich der Menschenwürde war vom Parlamentarischen Rat insoweit nicht vorgesehen[203], dennoch sollte eine weitere Konkretisierung nicht ausgeschlossen sein.[204]

Positive Erfassungsversuche

Nachstehend soll versucht werden, sich dem Schutzbereich des Art. 1 Abs. 1 GG auf dem Weg der positiven Bestimmung des Wertgehaltes zu nähern. Dabei zeigt sich die Schwierigkeit einer generell abstrakten Erfassung schon darin, dass auf dem Begriff der Würde „zweieinhalbtausend Jahre Philosophiegeschichte lasten"[205]. Wollte man eine allumfassende Definition finden, liefe man Gefahr, auf ein zu hohes

---

[199] *Dreier*, in Dreier, Grundgesetzkommentar, Bd. 1, Art. 1 I Rn. 128 m.w.N.

[200] *Stern*, Staatsrecht III/1, S. 26 f. m.w.N.; *Knopp*, MedR 2003, 379 (384).

[201] Fraglich ist jedoch, ob eine Verletzung der Würde denkbar ist, bei der nicht zugleich andere Grundrechte verletzt sind. So ist das BVerfG bei seiner Entscheidung zum Luftsicherheitsgesetz (BVerfGE NJW 2006, 751) über das Recht auf Leben auf die Würde zu sprechen gekommen.

[202] Siehe Fn. 46.

[203] *Enders*, in Friauf/Höfling, C Art. 1 Rn. 34 m.w.N.

[204] *Enders*, in Friauf/Höfling, C Art. 1 Rn. 37 ff. m.w.N.; *Böckenförde*, in JZ 2003, 809 (811); *Zippelius/Würtenberger*, Deutsches Staatsrecht, § 21, S. 202.

[205] *Pieroth/Schlink*, Grundrechte Staatsrecht 2 (Aufl. 18), Rn. 353.

Abstraktionsniveau zu geraten, was die Handhabbarkeit der Formel konterkarieren würde. Dennoch gibt es im Wesentlichen drei zentrale Ansätze, um die Menschenwürde positiv zu umschreiben.

a. Mitgift- und Werttheorien

Die so genannten Mitgift- oder Werttheorien haben gemeinsam, dass dem Menschen Kraft seines Menschseins Würde zukommen soll. Sie muss also nicht erst durch gewisse Fähigkeiten oder sonstige Leistungen verdient werden, sie liegt allein im Selbstsein begründet. Unterschiede bestehen jedoch in der Begründung des Ansatzpunktes.

Eine Ansicht zielt dabei auf die Gottebenbildlichkeit ab, auf die besondere Qualität oder Eigenschaft, die dem Menschen von dessen Schöpfer mitgegeben wurde. Begründet liegt diese Auffassung im Alten Testament und der Schöpfungsgeschichte, welche den Menschen als Abbild Gottes darstellt. Der Mensch hat qua Ebenbildlichkeit Würde.[206] Im Neuen Testament ändert sich das dahingehend, dass Christus als Mittler auftritt, d.h. er zum einen Ebenbildlichkeit Gottes und zum anderen Symbol des wahren Menschseins ist. Jesus erfüllt in dem Maße die Ebenbildlichkeit, wie sie dem Menschen zugedacht ist. Er stellt die Vollendung der Ebenbildlichkeit dar.[207] Daraus folgt, dass derjenige Mensch, der den Weg Jesu geht, der Ebenbildlichkeit und damit dem Grund der Würde näher steht. Den Menschen ist folglich ein bestimmtes sittlich-moralisches Verhalten anheim gestellt. Die ehemals statische Zuweisung der Würde im Alten Testament bekommt im Neuen Testament einen weitaus dynamischeren Charakter.[208]

Die naturrechtlich-idealistische Strömung zielt hingegen auf die Besonderheit des Menschen als vernunftbegabtes Wesen ab.[209] Diese Lehre, zu dessen Hauptvertretern Kant gehört,[210] versucht Prinzipien

---

[206] Ausführlich dazu *Antoine*, Sterbehilfe, § 7 III 1 S. 90 ff.

[207] Ebd., S. 105 ff.

[208] Ebd., S. 107.

[209] *Dreier*, in Dreier, Art. 1 I Rn. 55.

[210] Ebd.

nachzuweisen, die unabhängig von Erfahrungen a priori existieren und die der Mensch nur zu erkennen braucht. Kant bringt dies in seinem kategorischen Imperativ zum Ausdruck.[211] Der Mensch nimmt im Unterschied zur übrigen belebten Natur eine Sonderstellung ein. Er ist frei vom Naturgesetz und handelt nach dem sich aus seiner Vernunft ergebenden moralischen Gesetz. Die Würde ist direkt Ausfluss der Autonomie des Menschen, d.h. seiner Fähigkeit Freiheit durch eigene moralische Gesetzgebung zu erlangen.[212] So besitzt der Mensch schon deshalb inneren Wert, weil er sich vermöge seiner moralisch-praktischen Vernunft nicht nur als Naturwesen, als Sache, sondern als Person und d.h. als Subjekt sittlicher Autonomie begreift.[213] Die Zweck-an-sich-Formel bereitet jedoch Schwierigkeiten in ihrer konkreten Anwendung. Aus ihr selbst heraus kann nicht geschlossen werden, welches Handeln zum Mittel herabwürdigt. Auch ein Rückgriff auf den kategorischen Imperativ birgt die Gefahr einer gewissen Beliebigkeit, da jeder Mensch eigene Vorstellungen besitzt.[214] Schwierig gestaltet sich auch die Begründung, warum Menschen, die z.B. aufgrund geistiger Behinderung nicht vernunftfähig im Sinne Kants sind, trotzdem Autonomie und damit Würde besitzen sollen. Dazu wird von Vertretern der Mitgifttheorie ausgeführt, dass sie zwar rein tatsächlich gesehen nicht autonom sind, jedoch qua ihres Menschseins eine Potentialität zur Vernunft haben. Auch bereits schwer geistesgestörte Neugeborene besitzt eine Potentialität zweiter Stufe,[215] d.h. eine potentielle Potentialität. Demnach ausreichend für die Vernunftbegabung und die der damit einhergehenden Würde ist die

---

[211] „Handle nur nach derjenigen Maxime, durch die du zugleich wollen kannst, dass sie ein allgemeines Gesetz werde."; die zweite Formulierung des kategorischen Imperativs lautet: „Handle so, dass du die Menschheit sowohl in deiner Person, als in der Person eines jeden andern jederzeit zugleich als Zweck, niemals bloß als Mittel brauchst.".

[212] Antoine, Sterbehilfe, § 7 III 1 b, S. 98.

[213] *Dreier*, in Dreier, Art. 1 I Rn. 11 ff. m.w.N.

[214] Antoine, Sterbehilfe, § 7 III 2 b, S. 109.

[215] *Antoine*, Sterbehilfe, § 7 III 1 c, S. 101 f.

Zugehörigkeit zur Gattung Mensch.[216] Dieser Ansatz kann auch bei Sterbenden zu keiner anderen Lösung kommen.[217]

Festzuhalten ist, dass der Alttestamentarische Ansatz den weitestreichenden Würdeschutz bietet, in dem er allen Menschen von vornherein Würde zuspricht. Dessen Begründung in der Genesis kann in einem säkularisierten Staat jedoch kaum zufrieden stellen. Die weiteren Ansätze leiten ihren Anspruch zwar naturrechtlich ab, können jedoch aufgrund ihrer Inkonsistenz nicht auf alle denkbaren Situationen verallgemeinert werden. Darüber hinaus bleibt ebenfalls festzuhalten, dass die Mitgift- und Werttheorien dem Menschen zwar ohne Ansehung seiner Entwicklungsstufe Würde zuschreiben, jedoch keine Aussage über deren konkreten Inhalt machen und nicht verdeutlichen, welche Pflichten sich daraus für das Gemeinwesen und den Staat ergeben.

b. Leistungstheorie

Die Leistungstheorie betrachtet im Gegensatz zu den Mitgift- und Werttheorien den Grund der Würde nicht als naturrechtliche Frage, sondern geht von der generellen Funktion des Rechts aus.[218] Deren Anhänger sehen Würde nicht als vorrechtlichen, allen Menschen auf gleiche Weise zukommenden Achtungsanspruch. Vielmehr muss sich der Einzelne seinen Würdeanspruch in einem Prozess der „Identitätsbildung und Selbstdarstellung"[219] erst erarbeiten. Würde kommt dem Menschen demnach im gleichen Maße zu wie ihm auch Freiheitsrechte in ihrer jeweiligen Entwicklungsstufe zukommen. So hat ein Neugeborenes zum Beispiel kein Interesse an der Ausübung seiner Meinungsfreiheit. Würde wird nicht verliehen, sondern wird vom Menschen ausgeübt, d.h. durch Selbstdarstellung und Abgrenzung von anderen Individuen.[220] Eine

---

[216] Kritisch zu diesem Wechsel in der Betrachtung vom Einzelnen zur Gattung Münch/Kunig-Kunig, Art. 1 Rn. 17 m.w.N.; zur Würde als Gattungswürde jedoch BVerfGE 87, 209 (228); 109, 133 (150); *Di Fabio*, in Maunz/Dürig/Herzog, Art. 2 II Rn. 12.

[217] Kritisch dagegen *Antoine*, Sterbehilfe, § 7 III 1 d, S. 103.

[218] *Antoine*, Sterbehilfe, § 7 IV 1 , S. 112 m.w.N.

[219] *Dreier*, in Dreier, Art. 1 I Rn. 56.

[220] *Antoine*, Sterbehilfe, § 7 IV 1 , S. 112 m.w.N.

unzulässige Verletzung kann nur dann gesehen werde, wenn verhindert wird, dass der Mensch sich selbst darstellen kann. Dies würde bedeuten, dass ihm die Bedingungen um seine Würde auszubilden verweigert würden.[221]

Größter Kritikpunkt dieser Ansicht ist die nicht hinreichende Erfassung von Menschen, die aufgrund ihrer geistig seelischen Entwicklung noch nicht in der Lage sind, diesen Anforderungen zu genügen, oder Menschen die wegen Krankheit dazu nicht mehr in der Lage sind.[222]

c. Kommunikationstheorie

Die Kommunikationstheorie unterscheidet sich von den vorgenannten Theorien zum Teil erheblich. Ihren Ursprung hat sie in der Antrittsvorlesung von Hasso Hofmann 1993, der diese im Hinblick auf die Unzulänglichkeiten der erwähnten Theorien entworfen hat. Der Kommunikationstheorie folgend besteht zwischen der menschlichen Würde und dem der Anerkennungsgemeinschaft zugrunde liegenden Staat eine untrennbare Verbindung. Würde ist nur in einer Anerkennungsgemeinschaft denkbar. Sie stellt vielmehr Grund und Inhalt des Gesellschaftsvertrags dar. Die Menschenwürde ist nicht wie bei den Mitgifttheorien dem Menschen aufgrund des Menschseins eigen, auch kann sie nicht durch individuelle Fähigkeiten und Leistungen erlangt werden. Würde definiert sich nach Hofmann niemals losgelöst von der umgebenen Gesellschaft, sie hängt maßgeblich von ihr ab und wird durch sie verliehen.

Negative Erfassung, Nichtdefinition, Objektformel

Mit Negativdefinition ist diejenige Erfassung der Menschenwürde gemeint, die nicht abstrakt unter einem vorher bestimmten Schutzumfang subsumiert, sondern im konkreten Einzelfall von der Verletzungshandlung ausgeht.[223] Auf eine vorherige Definition wird verzichtet, wodurch die Möglichkeit eröffnet wird, auf neue Bedrohungen flexibler reagieren zu können. Auch entsprach es eher dem Willen des Parlamentarischen Rates,

---

[221] Ebd., S. 113 m.w.N.

[222] Vgl. *Pieroth/Schlink*, Grundrechte Staatsrecht 2 (Aufl. 21), R. 356.

[223] *Dreier*, in Dreier, Art. 1 I Rn. 51.

gerade keine Definition vorzunehmen.[224] Probleme treten jedoch dann auf, wenn die Verletzung weniger klar zu Tage tritt, sondern einer tiefgreifenderen Betrachtung bedarf. So hilft die Nichtdefinition bei der Beurteilung von aktiver Sterbehilfe nicht weiter, da hier gerade keine evidente Missachtung der Würde des Sterbewilligen vorliegt.

Die auf Günter Dürig zurückgehende Objektformel[225] lehnt sich ihrer Aussage nach an die Zweck-an-sich-Formel Kants an. Verboten ist es, den Menschen zum bloßen Mittel im Staate zu machen und damit seine Rechtspersönlichkeit als eigenständigen Rechtsträger nicht hinreichend ernst zu nehmen.[226] Bei der Objektformel handelt es sich ebenfalls um den Versuch, die Würde negativ, also im Hinblick auf deren Verletzung zu definieren. Auch für sie gilt, dass eine brauchbare Handhabe meist nur in ostentativen Fällen möglich ist.[227] So wurde auch vom Bundesverfassungsgericht der Einwand aufgegriffen, man könne „überhaupt nur als Objekt behandeln [...], denn jedes Behandeln setzt Vergegenständlichung voraus".[228] Die deshalb vorgenommene Modifizierung der Objektformel durch Hinzufügen des Verletzungsmerkmals der willkürlichen Missachtung[229] bot zwar die Möglichkeit klarer abgrenzen zu können, wurde aber von der Literatur weit überwiegend abgelehnt.[230] So entschied das Bundesverfassungsgericht auch später, dass eine Verletzung dann vorliegen soll, wenn „durch die Art der ergriffenen Maßnahme die Subjektqualität des Betroffenen grundsätzlich in Frage gestellt wird". Trotz aller weiterer Konkretisierungsversuche kann die Objektformel nicht losgelöst vom zu beurteilenden Fall angewandt werden. Probleme bereitet dies wiederum da, wo eine eingehendere

---

[224] *Enders*, in Friauf/Höfling, C Art. 1 Rn. 34 m.w.N.; ebenso *Dreier*, in Dreier, Art. 1 I Rn. 51 m.w.N.

[225] *Dürig*, in Maunz/Dürig/Herzog, (1958), Art. 1 Rn. 28.

[226] *Enders*, in Friauf/Höfling, C Art. 1 Rn. 38 m.w.N.

[227] Ebd., Rn. 41; *Dreier*, in Dreier, Art. 1 I Rn. 53 m.w.N.

[228] BVerfGE 30, 1 (25 f.); 109, 297 (312).

[229] BVerfGE 30, 1 (26).

[230] *Dreier*, in Dreier, Art. 1 I Rn. 53 m.w.N.

Betrachtung notwendig ist. Die Gefahr dabei ist, dass sich die Formel als „Passepartout für subjektive Wertungen aller Art entpuppt"[231].

Folge dieser Negativdefinitionen und ihrer jeweiligen Betrachtung im Einzelfall ist jedoch auch eine Kasuistik, die im Laufe der Zeit bestimmte Fallgruppen herausgebildet hat, die für bestimmte Sachverhalte als Konkretisierung taugen.[232]

a. Schutz der körperlichen Integrität

Geschützt durch Art. 1 Abs. 1 GG ist die körperliche Integrität des Menschen. Es verbieten sich Behandlungen wie Folter und sonstige erniedrigende und grausame Strafen.[233] So urteilte das Bundesverfassungsgericht, dass eine lebenslange Freiheitsstrafe ohne die Hoffnung, seine Freiheit wiederzuerlangen, auch das in seinem Kernbereich durch Art .1 Abs. 1 GG geschützte Recht auf weitgehende Entfaltung seiner Persönlichkeit[234] verletzt.[235]

b. Schutz der elementaren Lebensgrundlagen

Die Menschenwürde gebietet es des Weiteren, dem Menschen das Notwendigste zu seiner Existenz zur Verfügung zu stellen, bzw. es ihm zu belassen. So ist die Besteuerung des Existenzminimums nicht zulässig.[236]

c. Schutz der personalen Identität und der persönlichen Ehre

Zur Unantastbarkeit der Menschenwürde gehört ebenfalls die Anerkennung eines absolut geschützten Kernbereichs privater Lebensgestaltung.[237] Eingriffe in die Intimsphäre oder in die sexuelle Selbstbestimmung sind

---

[231] So wörtlich *Dreier*, in Dreier, Art. 1 I Rn. 53 m.w.N.

[232] Vgl. *Zippelius/Würtenberger*, Deutsches Staatsrecht, § 21, S. 203 ff.

[233] BVerfGE 46, 160 (164); *Dreier*, in Dreier, Art. 1 I Rn. 60.

[234] BVerfGE 5, 85 (204 f.).

[235] BVerfGE 45, 187 (245).

[236] BVerfGE 82, 60 (85).

[237] BVerfGE 109, 279.

verboten.[238] Die sich aus Art. 1 Abs. 1 S. 2 GG ergebende Schutzpflicht[239] gebietet das Verbot der Erniedrigung, schwerster Beleidigungen[240] oder auch kommerzieller Ausbeutung. Der Staat hat die Individualität, Identität sowie physische, psychische und moralische Integrität des Menschen zu respektieren.[241] Der Mensch soll nicht in seiner Qualität als autonomes Subjekt in Frage gestellt werden und dadurch als Objekt behandelt werden.

d. Schutz elementarer Rechtsgleichheit

Der Achtungsanspruch ist darüber hinaus verletzt, wenn Menschen grundsätzlich als zweitklassig[242] behandelt werden und damit in ihrer grundsätzlichen Gleichheit verletzt sind. Beispielhaft sind hier zu nennen: Sklaverei, Vertreibungen und Deportationen aufgrund einer bestimmten Volkszugehörigkeit, Menschenhandel etc.

Zusammenfassung

Zusammenfassend lässt sich sagen, dass eine allgemeingültige Definition der Menschwürde nicht existiert und wohl auch nicht existieren kann.[243] Dennoch besteht weitestgehend Einigkeit, dass es sich bei der Würdethese nicht um eine bloße Leerformel handelt, sondern um eine objektive Norm des Verfassungsrechts. Sie statuiert nicht bloß einen Abwehranspruch gegenüber dem Staat, sondern verpflichtet ihn, aktiv für deren Schutz einzutreten. Die Würde stellt dabei einen Höchstwert in unserer Verfassung dar. Diese Höherrangigkeit wiederum verpflichtet zum einem, die Menschenwürde nicht wie andere Grundrechte abzuwägen und sie somit preiszugeben, zum anderen aber auch nicht, sie als sogenannte Kleine Münze inflationär zu gebrauchen. Eine exakte Bestimmung kann von keiner Herangehensweise in jedem Fall problemlos vorgenommen werden.

---

[238] Beispiel dafür ist BVerfGE 49, 286 (298) wo verdeutlicht wurde, dass eine Geschlechtsumwandlung in der Freiheit der betreffenden Person liegt.

[239] BVerfGE 1, 97 (104).

[240] BVerfGE 30, 173 (214); 102, 347 (367).

[241] *Dreier*, in Dreier, Art. 1 I Rn. 60.

[242] *Dreier*, in Dreier, Art. 1 I Rn. 59.

[243] *Zippelius/Würtenberger*, Deutsches Staatsrecht, § 21, S. 202; *Di Fabio*, in JZ 2004, 1 (5); *Reich*, in GG, Art. 1 Rn. 1.

Es bietet sich daher an, die Elemente der einzelnen Theorien nebeneinander zu gebrauchen, zumindest in dem Maße, in dem sie sich nicht gegeneinander ausschließen. Die Negativdefinitionen bieten im Einklang mit der historischen Auslegung für stärkere Eingriffe hinreichend Ansatzpunkte. So werden z.b. erfasst: Diffamierung, Diskriminierung, Erniedrigung, Brandmarkung, Verfolgung, Ächtung, Entrechtung und grausame Bestrafung.[244] In Grenzsituationen, zum Beispiel am Lebensanfang oder -ende, ist eine positive Erfassung von Vorteil. Die Menschenwürde kann also nicht gänzlich losgelöst vom zu beurteilenden Fall bestimmt werden, vielmehr muss sie im Kontext zu den sie schützenden Grundrechten betrachtet werden.[245] Dabei hat sie bei der Auslegung der übrigen Grundrechte interpretationsleitenden Charakter.

---

[244] *Stern*, Staatsrecht III/1, S. 25 m.w.N.

[245] *Di Fabio*, in Maunz/Dürig/Herzog, Art. 2 II Rn. 12.

Das Recht auf Leben, Art. 2 Abs. 2 S. 1 Alt. 1 GG

Das Recht auf Leben ist ebenso wie die Menschenwürde ein Höchstwert in unserer Verfassung. Es stellt die vitale Basis der Menschenwürde und notwendigerweise die Voraussetzung aller übrigen Grundrechte dar.[246] Menschenwürde kann nur demjenigen zugesprochen werden, der auch lebt bzw. gelebt hat.[247] Es stellt sich demnach die Frage, inwieweit die Menschenwürde und das Recht auf Leben zueinander stehen und ob sie losgelöst voneinander betrachtet werden können. Nachfolgend soll der Schutzbereich des Art. 2 Abs. 2 S. 1 Alt. 1 GG dargestellt werden und anschließend ins Verhältnis zu Art. 1 Abs. 1 GG gesetzt werden.

Schutzbereich

a. Beginn und Ende menschlichen Lebens, personaler Schutzbereich

Geschützt ist das Recht auf Leben, d.h. das Recht zu leben. Abgrenzungsschwierigkeiten treten dabei jedoch bei der Bestimmung des Lebensanfangs und des Lebensendes auf, da keine ontologische, sondern eine normative auf Art. 2 Abs. 2 S. 1 GG gestützte Bestimmung erfolgen muss.[248] Streitig ist vor allem die Frage, ab welchem Zeitpunkt der menschlichen Entwicklung der Schutz des Lebens im Sinne des Art. 2 Abs. 2 S. 1 GG greifen soll. Die Meinungen dazu gehen weitest möglich auseinander. So erblickt *Böckenförde* bereits in der Ei- und Samenzelle Formen menschlichen Lebens, obgleich er bei dem zu schützenden Leben auf die Befruchtung abzielt, da von da an ein neues eigenständiges Leben besteht.[249] Die Vertreter des Utilitarismus hingegen knüpfen das Lebensrecht an die Frage, ob derjenige Mensch überhaupt ein Interesse an seinem Leben haben kann. Neugeborene sind nach ihrer Ansicht noch keine Personen, welche ein Recht auf Leben haben, sondern nur potentielle Personen mit künftigem vollem Lebensrecht.[250] Die

---

[246] BVerfGE 39, 1 (42); 46, 160 (164); 49, 24 (53); 49, 89 (140 ff.); *Lorenz*, Hdb. StR VI., § 128 Rn. 3 f.
[247] BVerfGE 30, 173; *Stern*, Staatsrecht III/1, S. 24.
[248] *Lorenz*, Hdb. StR VI., § 128 Rn. 8 m.w.N.
[249] *Böckenförde*, in JZ 2003, 809 (812).
[250] Gegen eine Anwendung des Art. 2 II auf den Nasciturus *Hamann/Lenz*, Das Grundgesetz, Art. 2 Nr. 8; Ausführliche Darstellung bei *Merkel*, in JZ 1996, 1145 (1145 ff.) m.w.N.

überwiegende Auffassung zielt bei der Beurteilung, ab welchem Zeitpunkt Art. 2 Abs. 2 S. 1 GG seine Schutzwirkung entfaltet, auf den Zeitpunkt der Befruchtung ab.[251] Spätestens mit der Nidation soll jedoch ein Lebensschutz gegeben sein.[252] Ebenso problematisch ist die Frage nach dem Todeszeitpunkt.[253] Die nunmehr überkommene Ansicht des System- oder Totaltodes, als unumkehrbaren Zusammenbruch der Interaktion zwischen dem Gesamtorganismus und den einzelnen Organen, wurde durch das Gehirntodkriterium ersetzt. Demnach ist ein Mensch tot, wenn es zum irreversiblen totalen Funktionsausfall des Gehirns kommt. Dies hat dann praktische Relevanz, wenn z.B. eine Herz-Lungen-Maschine abgeschaltet werden soll. In dem Fall würde keine passive Sterbehilfe vorliegen, da der Patient bereits als tot gilt. Auch eine anschließende aktive Beendigung noch möglicher Kreislauftätigkeit, z.B. durch Transplantatentnahme, ist zulässig.[254]

b. Sachlicher Schutzbereich

Unter Leben versteht man die biologisch-physische Existenz jedes Menschen vom Zeitpunkt ihres Entstehens an bis zum Eintritt des Todes, unabhängig von den Lebensumständen des Einzelnen oder seiner körperlichen und seelischen Befindlichkeit.[255] Eine Unterscheidung nach psychischen oder sozialen Aspekten findet nicht statt.[256] Das Recht auf Leben endet erst nach dem Tod des Grundrechtsträgers und nicht schon dann, wenn er selbst nicht mehr lebensfähig ist, z.B. aufgrund von Bewusstlosigkeit oder Koma. Das Recht auf Leben stellt dabei nicht lediglich ein Abwehrrecht gegenüber dem Staat dar, sondern statuiert gegenüber jenen Schutzpflichten. Der Staat muss es nicht nur selbst unterlassen in das Lebensrecht einzugreifen, er ist auch verpflichtet die

---

[251] *Kunig*, in v. Münch/Kunig, Art. 2 Rn. 49; *Stern*, Staatsrecht III/1, S. 1061 f.; *Schulze-Fielitz*, in Dreier, Art. 2 II Rn. 28 f. m.w.N.; *Jarass*, in Jarass/Pieroth, Art. 2 Rn. 64; *Lorenz*, Hdb. StR VI., § 128 Rn. 10.

[252] So BVerfGE 39, 1 (37); 88, 203 (251 f.).

[253] Ausführlich dazu *Eser*, in S/S, StGB, Vorbem §§ 211 ff. Rn. 19 m.w.N.

[254] *Eser*, in S/S, StGB, Vorbem §§ 211 ff. Rn. 22.

[255] BVerfGE NJW 2006, 751 (753).

[256] *Correll*, in AK-GG, Art. 2 Abs. 2 Rn. 45.

Träger des Grundrechts vor Eingriffen Dritter zu schützen. Dies geschieht zuvorderst durch das Verbot der Fremdtötung und deren Sanktionierung in den §§ 211 ff. StGB. Umstritten ist dabei jedoch die Frage, inwieweit die Schutzpflicht des Staates auch gegen den Grundrechtsträger selbst wirkt. Hat der Staat die Pflicht, jegliche Eingriffe, die eine Gefährdung für das Rechtsgut darstellen, zu verbieten? Eng damit verbunden ist die Frage, ob der Schutzbereich des Art. 2 Abs. 2 S. 1 Alt. 1 GG auch die Selbsttötung umfasst.

Reichweite der staatlichen Schutzpflicht

Die Frage, ob Grundrechte welche vom Parlamentarischen Rat lediglich in ihrer Funktion als Abwehrrechte gesehen worden sind,[257] auch allgemeine Schutzpflichten enthalten, wurde vom Bundesverfassungsgericht im Fristenlösungsurteil[258] bejaht. Die Pflicht, das Leben gegen Eingriffe Dritter zu schützen, ergibt sich zum einen aus der objektiv-rechtlichen Funktion der Grundrechte,[259] zum andern aus Art. 1 Abs. 1 S. 2 GG.[260] Das Bundesverfassungsgericht führt im zweiten Fristenurteil dazu aus: „Ihren Grund hat diese Schutzpflicht in Art. 1 Abs. 1 GG [...]; ihr Gegenstand und ihr Maß werden durch Art. 2 Abs. 2 GG näher bestimmt."[261] Den Staat trifft dabei die Pflicht positiv tätig zu werden, er muss nicht nur selbst Eingriffe unterlassen, sondern auch dafür Sorge tragen, dass die Grundrechte vor Übergriffen Dritter geschützt sind.[262] Die Ausgestaltung der Schutzpflichten kommt dabei dem Gesetzgeber und der Exekutive zu. Eine sich daraus ableitende klare Handlungspflicht ergibt sich jedoch gerade nicht, der Gesetzgeber hat bei der Ausgestaltung der

---

[257] So *Stern*, Staatsrecht III/1, S. 937 m.w.N.

[258] BVerfGE 39, 1.

[259] BVerfGE 7, 198; *Zippelius/Würtenberger*, Deutsches Staatsrecht, § 17, S. 161; *Lorenz*, Hdb. StR VI., § 128 Rn. 43 ff; *Pieroth/Schlink*, Grundrechte Staatsrecht 2 (Aufl. 21), Rn. 76; kritisch zur Funktion der Grundrechte als Werteordnung *Di Fabio*, in JZ 2004, 1 ff.

[260] *Stern*, Staatsrecht III/1, S. 940; *Pieroth/Schlink*, Grundrechte Staatsrecht 2 (Aufl. 21), Rn. 406.

[261] BVerfGE 88, 203 (251); *Schulze-Fielitz*, in Dreier, Art. 2 II Rn. 76.

[262] *Pieroth/Schlink*, Grundrechte Staatsrecht 2 (Aufl. 21), Rn. 94.

Schutzpflichten einen weiten Gestaltungsspielraum.[263] Allerdings hat der Gesetzgeber dabei zu beachten, dass es sich hier um ein dreipoliges Verhältnis handelt. So muss er den Grundrechtsträger bei der Ausübung seines Grundrechts vor Beeinträchtigungen Dritter schützen und gleichzeitig sicherstellen, dass die Schutzmaßname nicht unverhältnismäßig in die Freiheit des eingreifenden Dritten eingreift.[264] Die Schutzmaßnahme muss dabei im Wege der praktischen Konkordanz versuchen, möglichst jedem Rechtsgut zur Geltung zu verhelfen.[265] Der Staat darf bei seiner eingeräumten Einschätzungsprärogative jedoch nicht das Untermaßverbot verletzten.[266] Demnach ist die Schutzverpflichtung umso ausgeprägter, je schwerer das in Frage stehende Rechtsgut wiegt und je wahrscheinlicher der Eintritt der Gefahr ist.[267] Dem Leben als Höchstwert unserer Verfassung muss schon aufgrund seiner Irreversibilität ein hohes Schutzniveau zu Teil werden.[268] So schützt der Staat durch Androhung von Sanktionen in den §§ 211 ff. StGB im Wege der Abschreckung das Leben des Einzelnen. Ob jedoch dieser Eingriff unter Einsatz der *ultima ratio* Strafrecht stets auch im Hinblick auf § 216 StGB zu rechtfertigen ist, wird noch Gegenstand dieser Arbeit sein. Auch stellt sich die Frage, ob die Schutzpflicht des Staates, für das Leben einzutreten, auch im zweipoligen Verhältnis gilt. Muss der Staat demnach bei freiwilliger Selbstgefährdung oder Selbstaufgabe des Lebens verhindernd einwirken? Das wäre zumindest dann zu verneinen, wenn der Einzelne ein durch die Verfassung verbrieftes Recht auf Selbsttötung hat. Die Schutzpflichten des Staates haben die Funktion, die subjektiv-rechtliche Seite der Grundrechte zu stärken[269] und den Bürger damit in die Lage zu versetzen, seine Rechte auch gegenüber Dritten wahrzunehmen. Würde der

---

[263] BVerfGE NJW 2006, 751 (760); *Pieroth/Schlink*, Grundrechte Staatsrecht 2 (Aufl. 21), Rn. 97, 407; *Jarass*, in Jarass/Pieroth, Art. 2 Rn. 71; *Schulze-Fielitz*, in Dreier, Art. 2 II Rn. 86.

[264] *Zippelius/Würtenberger*, Deutsches Staatsrecht, § 17, S. 163.

[265] *Lorenz*, Hdb. StR VI., § 128 Rn. 45; *Hufen*, in NJW 2001, 849 (855).

[266] *Zippelius/Würtenberger*, Deutsches Staatsrecht, § 17, S. 164.

[267] BVerfGE 39, 1 (42); *Schulze-Fielitz*, in Dreier, Art. 2 II Rn. 80.

[268] *Stern*, Staatsrecht III/1, S. 944; *Pieroth/Schlink*, Grundrechte Staatsrecht 2 (Aufl. 21), Rn. 98; *Lorenz*, Hdb. StR VI., § 128 Rn. 46.

[269] *Antoine*, Sterbehilfe, § 9 II 2 c, S. 205 f.

Staat mit Verweis auf seine Schutzpflichten, die die Freiheit sichern sollen, gerade in die Freiheit des Bürgers eingreifen, wäre dies nicht bloß rechtfertigungsbedürftig, sondern würde darüber hinaus die Freiheit umkehren in eine Pflicht.[270] Die objektiv-rechtliche Bedeutung der Grundrechte kann die subjektiv-rechtliche Bedeutung nicht beschränken, da jene ja gerade dadurch gestärkt werden soll.[271] Eine Verhinderung der Selbstaufgabe kann nur dann in Betracht kommen, wenn Rechtsgüter der Allgemeinheit oder Rechte Dritter betroffen sind.[272]

Nachstehend soll dargelegt werden, ob ein Recht auf Selbsttötung besteht und auf diese Weise die Schutzpflichten des Staates gegen den Betroffenen eingeschränkt werden.

Recht auf Leben, Recht zu sterben

Art. 2 Abs. 2 GG schützt, wie oben dargestellt, die biologisch-physische Existenz des Menschen. Fraglich ist jedoch, ob dieses Grundrecht auch die Freiheit auf Lebensaufgabe umfasst. Dafür muss Art. 2 Abs. 2 GG nicht nur eine positive, sondern auch eine negative Gewährleistung haben.

1. Auslegung des Wortlautes und der Grammatik

Der Wortlaut umfasst zunächst das Recht auf Leben. Ob dies bereits die Selbsttötung ausschließt, ist fraglich. Eine Auslegung, die das Recht auf den Tod deshalb ausschließt, weil ja gerade ein Recht auf Leben und nicht ein Recht über das Leben gegeben sein soll, kann indes im Hinblick auf andere Freiheitsrechte nicht überzeugen. So gewährleistet z.B. Art. 5 Abs. 1 S. 1 GG das Recht auf freie Meinungsäußerung, Art. 8 Abs. 1 GG das Recht, sich zu versammeln und Art. 9 Abs. 1 GG das Recht, Vereine und Gesellschaften zu bilden. Bei den aufgestellten Rechten ist es jedoch unstrittig, dass man auch negativ von ihnen Gebrauch bzw.

---

[270] Ebd., S. 205 f. m.w.N.; *Merkel*, in JZ 1996, 1145, (1151); *Hollenbach*, Grundrechtsschutz im Arzt-Patienten-Verhältnis, S. 288 f. m.w.N.; *Murswiek*, in Sachs, Art. 2 Rn. 209.

[271] *Pieroth/Schlink*, Grundrechte Staatsrecht 2 (Aufl. 21), Rn. 202; *Murswiek*, in Sachs, Art. 2 Rn. 211; a.A. *Czerner*, in MedR 2001, 354 (356).

[272] BVerfGE 59, 275 (280).

eben nicht Gebrauch machen kann.[273] Vielmehr umfasst das Recht auch die Nichtbetätigung, da niemand gegen seinen Willen gezwungen werden kann seine Meinung zu äußern,[274] einer Versammlung beizuwohnen[275] oder einen Verein zu gründen.[276] Selbst die körperliche Unversehrtheit kann ohne Not zur Disposition gestellt werden.[277] Das Recht etwas tun zu dürfen würde sich andernfalls als Pflicht darstellen. Der grammatikalischen Auslegung folgend, kann die Formulierung Recht auf Leben auch deren negative Seite umfassen.[278]

2. Historische Auslegung

Zunächst ist die Gewährleistung eines Rechts auf Leben als Abwehrrecht gegenüber dem Staat konzipiert. Die Erfahrungen aus der Zeit des Nationalsozialismus geboten dem Parlamentarischen Rat das Recht auf Leben vor allem gegen den Staat in Stellung zu bringen.[279] Das Recht auf Leben ist demnach nicht die Folge der Positivierung, vielmehr existiert dieses Freiheitsrecht als vorstaatliches Recht.[280] In Anbetracht der Entwertung des einzelnen Lebens im Nationalsozialismus sollte der Wert jedes Menschen als Individuum nochmals deutlich hervorgehoben werden.[281] Das Recht auf Leben sollte gerade aus der Gemeinschaftsgebundenheit gelöst und stärker dem Einzelnen als Individualrechtsgut anheim gestellt werden.[282] Ob nach Auffassung des Verfassungsgebers ein Recht auf Selbsttötung mit umfasst sein soll, wurde

---

[273] *Götz*, in VVDStRL 41 (1983), S. 15 f.; *Stern*, Staatsrecht III/1, S. 629; *Zippelius/Würtenberger*, Deutsches Staatsrecht, § 17, S. 157

[274] BVerfGE 65, 1 (40).

[275] BVerfGE 69, 315 (343).

[276] BVerfGE 38, 281 (297 f.).

[277] Es „besteht keine Pflicht des Einzelnen zu gesundheitsgemäßer Lebensführung" *Schulze-Fielitz*, in Dreier, Art. 2 II Rn. 84 m.w.N.; *Di Fabio*, in Maunz/Dürig/Herzog, Art. 2 II Rn. 61 ff.

[278] *Antoine*, Sterbehilfe, § 10 II 3, S. 224; *Hamann/Lenz*, Das Grundgesetz, Art. 2 Nr. 8.

[279] *Jarass*, in Jarass/Pieroth, Art. 2 Rn. 60 m.w.N.; *Lorenz*, Hdb. StR VI., § 128 Rn. 44.

[280] *Stern*, Staatsrecht III/1, S. 1055; *Di Fabio*, in Maunz/Dürig/Herzog, Art. 2 II Rn. 7; *Antoine*, Sterbehilfe, § 10 II 3, S. 225; *Hamann/Lenz*, Das Grundgesetz, Art. 2 Nr. 8.

[281] *Kannengießer*, in Schmidt-Bleibtreu/Klein, Art. 2 Rn. 20a; *Hofmann*, in VVDStRL 41 (1983), S. 49 ff.

[282] *Di Fabio*, in Maunz/Dürig/Herzog, Art. 2 II Rn. 1; *Schulze-Fielitz*, in Dreier, Art. 2 II Rn. 1 f. m.w.N

nicht erörtert. Eine Interpretation als individuelles Freiheitsrecht, welches den negativen Gebrauch umfassen würde, kann aufgrund der Intention des Parlamentarischen Rates nicht gänzlich verwehrt sein.

3. Systematische Auslegung

Die systematische Auslegung versucht den Sinn einer Regelung oder Formulierung dadurch zu ermitteln, indem es ihn in den Gesamtzusammenhang setzt. Die Norm wird dabei nicht losgelöst betrachtet, sondern in Beziehung zu den übrigen Regelungen gesetzt. Dadurch soll eine widerspruchsfreie konsistente Aussage der Rechtsordnung erlangt werden.

Zunächst ist dabei auf den inneren Zusammenhang der Regelungen des Art. 2 GG abzustellen. Neben dem Recht auf Leben garantiert Art. 2 Abs. 1 GG das Recht auf freie Entfaltung seiner Persönlichkeit und Art. 2 Abs. 2 S. 1 Alt. 2 GG das Recht auf körperliche Unversehrtheit. Wie bereits oben erläutert, umfasst das Recht auf Etwas gleichzeitig auch die Freiheit, darauf zu verzichten. Bei der körperlichen Unversehrtheit ist das Recht Dispositionen zu treffen anerkannt.[283] Unschlüssig wäre es demnach, wenn die Bedeutung und die Grenzen des Wortes Recht in einem Satz bei verschiedenen Alternativen unterschiedlich zu beurteilen wäre. Das Argument der Irreversibilität des Rechtsguts Leben kann, systematisch betrachtet, ebenfalls zu keiner anderen Lösung führen. Würde man dieses Argument auf die Praxis übertragen, hätte dies zur Folge, dass in die körperliche Unversehrtheit auch gegen den Willen des Betroffenen eingegriffen werden müsste, wenn anders dessen Leben nicht zu retten wäre. Dass dies jedoch gerade nicht möglich sein soll, zeigt die gängige Rechtsprechung, indem sie jeden Heileingriff zunächst als Körperverletzung ansieht.[284] Der Betroffene kann hier frei entscheiden, ob er behandelt werden möchte oder ob er den Tod in Kauf nimmt. Bedeutung erlangt dies speziell auch bei der passiven Sterbehilfe, wo der Patient bewusst auf medizinische Hilfe verzichtet und damit temporär die Gefahr für das Leben erhöht.

---

[283] *Kunig*, in v. Münch/Kunig, Art. 2 Rn. 72 Stichwort Selbstbestimmungsrecht des Patienten.
[284] BVerfGE 52, 131; 52, 171 (173); *Hufen*, in NJW 2001, 849 (853).

Fraglich ist, welcher Zusammenhang zwischen Art. 2 Abs. 1 und Art. 2 Abs. 2 S. 1 GG besteht. Die überwiegende Ansicht stellt sich auf den Standpunkt, dass die allgemeine Handlungsfreiheit[285] ein Recht auf Selbsttötung enthält.[286] Es muss jedoch zwischen den verschiedenen Schutzgehalten der beiden Absätze unterschieden werden. Absatz 1 schützt dabei die freie Entfaltung der Persönlichkeit, was nach herrschender Ansicht und ständiger Rechtsprechung[287] zum einen die allgemeine Handlungsfreiheit umfasst, zum anderen in Verbindung mit Art. 1 Abs. 1 GG das allgemeine Persönlichkeitsrecht. Art. 2 Abs. 2 S. 1 GG schützt dahingegen die menschliche Körperlichkeit an sich.[288] Die allgemeine Handlungsfreiheit tritt dabei im Wege der Subsidiarität hinter die spezielleren Freiheitsrechte zurück.[289] Das allgemeine Persönlichkeitsrecht aus Art. 2 Abs. 1 i.V.m. Art. 1 Abs. 1 GG schützt weniger das Verhalten des Einzelnen, als die sich aus seiner Würde ergebende Subjektqualität.[290] Ob sich daraus ein Recht auf Selbsttötung herleiten lässt kann hier jedoch dahinstehen, da Art. 2 Abs. 2 S. 1 Alt. 1 GG das speziellere Freiheitsrecht darstellt und den Teil des Persönlichkeitsrechts, welcher die Selbsttötung betrifft, konsumiert.[291]

Bezüglich Art. 2 GG kann gesagt werden, dass zum einen die geistige persönliche zum anderen die körperliche Freiheit geschützt wird. Es handelt sich demnach um ein umfassendes Freiheitsrecht, in dessen Gesamtzusammenhang sich Art. 2 Abs. 2 S. 1 GG ebenso anschließt.[292]

---

[285] BVerfGE 6, 32 (36).

[286] *Schulze-Fielitz*, in Dreier, Art. 2 II Rn. 17; *Jarass*, in Jarass/Pieroth, Art. 2 Rn. 8, 61; *Knopp*, in MedR 2003, 379 (384); *Hufen*, in NJW 2001, 849 (851); *Lindner*, in JZ 2006, 373 (376 f.).

[287] BVerfGE 6, 32 (36); 97, 332 (340); zur Entstehungsgeschichte und zu den Alternativvorschlägen der Fachausschüsse eingehend *Höfling*, in Friauf/Höfling, C Art. 1 Rn. 18 m.w.N.; Dreier, in Dreier, Art. 2 I Rn. 27.

[288] *Antoine*, Sterbehilfe, § 10 III 4 a, S. 229.

[289] *Pieroth/Schlink*, Grundrechte Staatsrecht 2 (Aufl. 21), Rn. 369.

[290] Ebd., Rn. 373.

[291] Generell besteht Gesetzeskonkurrenz *Dreier*, in Dreier, Art. 2 I Rn. 94.

[292] *Antoine*, Sterbehilfe, § 10 III 4 a, S. 230.

Fraglich ist jedoch, ob eine Vergleichbarkeit zwischen den sogenannten Handlungsgrundrechten und dem Schutz- und Abwehrrecht gegeben ist. Art. 2 GG gewährleistet ein Schutz- und Abwehrrecht, was bedeutet, dass der Einzelne vor Eingriffen in den Gewährleistungsgehalt geschützt ist. Art. 5, Art. 8, Art. 9 und Ähnliche schützen jedoch die Möglichkeit der Freiheitsbetätigung. Die überwiegende Auffassung lehnt eine solche Gleichsetzung ab und gesteht nur den Handlungsrechten eine negative Seite zu.[293] Ob diese Unterscheidung jedoch gerechtfertigt ist, wird nachfolgend erörtert. Generell gilt das oben Gesagte, dass Freiheit nur dann besteht, wenn sie nicht gleichzeitig Pflicht ist. Die klassischen Funktionen der Grundrechte werden mit den Begriffen status negativus, status positivus und status aktivus bezeichnet. Dabei findet eine Unterscheidung zwischen Handlungs- und Abwehrrechten bezüglich ihres Schutzniveaus nicht statt. Ausschlaggebend ist allein, ob der Bürger seine Freiheit *vom* Staat oder *durch* den Staat hat.[294] Das Recht auf Leben sowie die Meinungsäußerungsfreiheit sind, abgesehen von etwaigen staatlichen Schutzpflichten, vorstaatliche Rechte, die nicht erst durch den Staat entstehen. Sie „gehören" dem Individuum in seiner eigenen Freiheit. Einer Unterscheidung zwischen Handlungs- und Abwehrrecht kann demnach nicht gefolgt werden. Auch durch die neuere dogmatische Entwicklung kann nichts anderes angenommen werden. Einer verstärkten Interpretation der Grundrechte in Richtung ihres objektiv-rechtlichen Gehalts und ihrer Funktionalisierung im Dienste der Demokratie[295] kann dann nicht gefolgt werden, wenn dies wiederum zur Freiheitseinschränkung führt.[296]

Ein weiterer Systemwiderspruch könnte sich aus dem Verbot der Todesstrafe gemäß Art. 102 GG ergeben. Dagegen spricht jedoch zum einen, dass die Todesstrafe lediglich als Art der Bestrafung verboten sein

---

[293] *Stern*, Staatsrecht III/1, S. 628 ff.; *Merten*, Hdb. StR VI., § 144 Rn. 53; *Starck*, in v. Mangoldt/Klein/Starck, Art. 1 Rn. 230.

[294] Vgl. *Pieroth/Schlink*, Grundrechte Staatsrecht 2 (Aufl. 21), Rn. 57 ff.; *Antoine*, Sterbehilfe, § 10 III 6, S. 242 m.w.N.

[295] *Pieroth/Schlink*, Grundrechte Staatsrecht 2 (Aufl. 21), Rn. 79 m.w.N.

[296] So das BVerfG: Grundrechte sind „[...] in erster Linie individuelle Rechte, Menschen- und Bürgerrechte, die den Schutz konkreter, besonders gefährlicher Bereiche menschlicher Freiheit zum Gegenstand haben" BVerfGE 50, 290 (337).

soll und sich daher gegen den Staat als Abwehrrecht richtet und keine unmittelbaren Schutzpflichten gegenüber den Bürgern begründet. Zum anderen ist nicht jede Tötungshandlung per se durch das Grundgesetz verboten. Ein Eingriff in das Recht auf Leben ist sogar ausdrücklich nach Maßgabe des Art. 2 Abs. 2 S. 2 GG möglich.

Im Ergebnis bleibt festzuhalten, dass die Interpretation des Art. 2 Abs. 2 S. 1 GG als Recht über das eigene Leben verfügen zu können, keine Widersprüche im Gesamtzusammenhang auslöst, sondern vielmehr von ihm gedeckt ist.

4. Teleologische Auslegung

Letztendlich bleibt noch zu klären, ob die Freiheit über sein Leben verfügen zu können grundsätzlich mit den Zielen und Zwecken des Art. 2 Abs. 2 S. 1 GG vereinbar ist. Der teleologischen Auslegung kommt hier die Funktion zu, auf bisher nicht thematisierte Argumente näher einzugehen, insbesondere auf die Frage, ob ein Verfügungsrecht im Gesamtzusammenhang objektiv gewollt ist. Im Unterschied zur historischen Auslegung, kommt es dabei nicht auf den subjektiven Willen des Verfassungsgebers, sondern auf den objektiven Regelungszweck an. Die Grundaussage des Grundgesetzes ist die Garantie der Gewährleistung von Grund- und Menschenrechten als Fundament der Verfassungsordnung.[297] Der Staat hat in die generell freie Entfaltung des Menschen und dessen freie Gestaltung seines Lebens nicht einzugreifen. Der Bürger wird durch die Grundrechte vor staatlichen Eingriffen geschützt. Die Menschen sind dabei insofern frei, wie sie nicht Rechte und Freiheiten anderer verletzen; hier hat wiederum der Staat die Pflicht regulierend einzugreifen, jedoch nur mit dem Ziel, die kollidierenden Freiheitssphären gegeneinander auszugleichen. Dies zeigt sich deutlich in der Gewährleistung der Gleichheit vor dem Gesetz (Art. 3 Abs. 1 GG), welche sicherstellen soll, dass Eingriffe oder Leistungen in vergleichbaren Fällen gleich vorgenommen werden. Die „Startbedingungen" der Freiheit sollen jedem Menschen gleichsam zuteil werden.[298] Von diesem

---

[297] *Stern*, Staatsrecht III/1, S. 18 f.

[298] *Di Fabio*, in JZ 2004, 1 (6).

Standpunkt aus ist auch die Lebensbeendigungsfreiheit des Einzelnen von Art. 2 Abs. 2 S. 1 GG gedeckt, da die allumfassende Freiheit nicht nur von Art. 2 Abs. 1 GG als Generalnorm erfasst sein kann, sondern auch in den speziellen Freiheitsverbürgungen immanent ist.[299] Eine Freiheitsverkürzung zum mutmaßlichen Wohle des Betroffenen kann dabei nur gerechtfertigt sein, wenn der Betroffene erkennbar gegen seine eigenen Interessen handelt.[300] Dies lässt sich jedoch nur in Ausnahmefällen annehmen, da das Grundgesetz dem Einzelnen gerade nicht vorschreiben will, welches Verhalten vernünftig sein soll. Der Staat hat dabei den Wert der Handlung nicht zu beurteilen. Ein Eingriff kann dann gerechtfertigt sein, wenn so starke Zweifel an der Eigenverantwortlichkeit bestehen, dass der Eingriff das kleinere Übel darstellt. Übertragen auf die Selbsttötung, ist der Rettungseingriff aufgrund der sonst hohen Gefahr für das Leben und die Freiheit des Betroffenen und vor allem deren Irreversibilität eher angezeigt, als bei weniger weit reichenden Gefährdungen.[301]

Abschließend kann gesagt werden, dass auch die teleologische Auslegung für ein umfassendes Freiheitsrecht und damit auch für die Freiheit auf Selbsttötung spricht.[302] Wenn der Betreffende bei völlig klarem Bewusstsein den Entschluss gefasst hat sich zu töten, gibt es nicht nur keine staatliche Schutzpflicht, sondern auch keine Berechtigung ihn daran zu hindern.

Zusammenfassung

Das Recht auf Leben stellt neben der Menschwürde einen weiteren Höchstwert der Verfassung dar. Es gewährleistet die körperliche Existenz als Abwehrrecht gegenüber dem Staat. Darüber hinaus hat der Staat die Schutzverpflichtung, dieses Recht auch gegenüber Dritten zu schützen. Diese Schutzpflicht erstreckt sich jedoch nicht im gleichen Maße auf den Rechtsgutträger selbst. Das Recht auf Leben stellt ein Individual- und Freiheitsrecht dar, dies bedeutet zum einen, dass der Schutzbereich des

---

[299] Siehe zur Frage Lebensrecht als Pflicht in der objektiven Werteordnung unter B II 1 b aa.

[300] Im Zivilrecht findet eine solche Kontrolle z.B. anhand der §§ 138, 242 BGB statt.

[301] Ausführlicher dazu unter C I 2.

[302] A.A. *Reich*, in GG, Art. 2 Rn. 2.

Art. 2 Abs. 2 S. 1 GG auch die negative Freiheit der Lebensaufgabe umfasst, zum anderen, dass der Staat nicht berechtigt ist, gegen den Willen des Betroffenen, unter Bezugnahme auf seine Schutzpflichten, in dieses Recht einzugreifen. Inwieweit die Schutzpflichten des Staates dennoch wirken, soll weiter unten erörtert werden.

Verhältnis der Menschenwürde zum Recht auf Leben

Nachfolgend soll noch einmal zusammenfassend auf die Verknüpfung der Würde des Menschen und dessen Recht auf Leben eingegangen werden. Wie bereits weiter oben dargelegt wurde, haben die Grundrechte die Funktion, die Würde des Menschen umfassend zu schützen. Nahezu kein Grundrecht kann daher losgelöst von Art. 1 Abs. 1 GG betrachtet werden, jedes Recht kann in seinem Kerngehalt wiederum auf die Gewährleistung der Menschenwürde zurückgeführt werden.[303] Dies bedeutet jedoch nicht, dass die übrigen Grundrechte gleichzeitig über Art. 79 Abs. 3 i.V.m. Art. 1 GG jeglicher Änderung entzogen sind. Auch die komplette Streichung eines Grundrechts erscheint möglich, wenn der Bürger seine Würde direkt mit Verweis auf Art. 1 Abs. 1 GG vor Gericht sichern kann. Übernimmt jedoch ein spezielleres Grundrecht die Funktion der Sicherung der Menschenwürde, so ist primär auf dessen Verletzung abzustellen.[304] Art. 1 Abs. 1 GG kommt dann nur die Aufgabe der Richtungsweisung und Interpretationshilfe zu. Zum Ausdruck kommt dies auch faktisch in der Rechtsprechung des Bundesverfassungsgerichts, welches die Verbindung des einzelnen Grundrechts mit der Würdegarantie durch die Verknüpfung i.V.m. verdeutlicht.[305] Eine Kongruenz zwischen dem Würdesatz und den spezielleren Grundrechten besteht nicht.[306] Dies wird besonders beim Recht auf Leben deutlich, da hier gemäß Art. 2 Abs. 2 S. 3 GG in das Leben

---

[303] Vgl. *Hufen*, in 2001, 849 (851); *Knopp*, in MedR 2003, 379 (384).

[304] Der „Höchstwert (darf) nicht ohne äußerste Not selbst in den Kampf (geschickt werden)" *Di Fabio*, in JZ 2004, 1 (6); ders. in Maunz/Dürig/Herzog, Art. 2 II Rn. 11 f.

[305] Art. 2 II 1 i.V.m. Art. 1 I 2 GG: BVerfGE 39, 1 (42); 46, 160 (164); BVerfG NJW 2006, 751 LS 3; Art. 2 I i.V.m. Art. 1 I GG: BVerfGE 24, 119 (144); 30, 200 (214.).

[306] Vgl. *Hufen*, in NJW 2001, 849 (850); *Schulze-Fielitz*, in Dreier, Art. 2 II Rn. 118; *Di Fabio*, in Maunz/Dürig/Herzog, Art. 2 II Rn. 14.

aufgrund von Gesetz eingegriffen werden kann. Ein solcher Eingriff[307] in das Leben kann dabei nur zur Beendigung desselben führen. Dies würde bei Identität der Schutzgüter zur Verfassungswidrigkeit führen, da ein Eingriff in die Würde stets deren Verletzung bedeutet. Jenes wird von der herrschenden Auffassung jedoch gerade nicht angenommen.[308] Die Menschenwürde ist im Falle des Finalen Rettungsschusses gerade nicht verletzt, weil der Geiselnehmer nicht als Mittel gebraucht wird, sondern nur die Konsequenzen tragen muss, die er sich durch seine selbstbestimmte Handlung als Subjekt zuzurechnen hat. Es verbietet sich demnach, das Leben menschenunwürdig anzutasten.[309]

Festzuhalten bleibt damit, dass das Recht auf Leben und die Menschenwürde in einem besonderen Spezialitätsverhältnis zueinander stehen.[310] Das Recht auf Leben deckt dabei weder die Würde in ihrer Gewährleistung ab, noch umgekehrt. Zwischen den beiden Rechten gibt es Überschneidungen, wobei der Kerngehalt der Menschenwürde, wie er in Art. 2 Abs. 2 GG zu finden ist, stets geachtet werden muss.[311] Dieser Achtungsanspruch erstreckt sich folglich auch auf das Enden des Lebens, auf das Sterben und den Tod. Der Sterbende muss in seiner Würde ebenso geachtet werden, wie der eben gerade Geborene. Art. 2 Abs. 2 S. 1 i.V.m. Art. 1 Abs. 1 GG schütz somit auch ein Sterben in Würde und den würdevollen Tod.[312] Der von wenigen vertretenen Ansicht der Heiligkeit des Lebens,[313] welche die absolute Unantastbarkeit des Lebens annimmt, kann darum nicht gefolgt werden, da das Grundgesetz eine solche Interpretation des Art. 2 Abs. 2 S. 1 GG nicht stützt.[314]

---

[307] Z.B. beim finalen Rettungsschuss vgl. Art. 67 BayPAG oder bei der Notwehr § 32 StGB.

[308] *Lorenz*, Hdb. StR VI., § 128 Rn. 42; *Starck*, in v. Mangoldt/Klein/Starck, Art. 1 I Rn. 71.; wohl a.A. Czerner, in MedR 2001, 354 (356).

[309] *Stern*, Staatsrecht III/1, S. 24; *Lorenz*, Hdb. StR VI., § 128 Rn. 40.

[310] *Knopp*, in MedR 2003, 379 (383) spricht hier von einem partiellen Spezialitätsverhältnis; ebenso *Höfling*, in JuS 2000, 111 (114).

[311] *Lorenz*, Hdb. StR VI., § 128 Rn. 4 f. und 40.

[312] Ganz herrschende Auffassung, vgl. nur *Holzhauer*, in ZRP 2004, 41 (43).

[313] In Ansätzen *Wilms/Jäger*, in ZRP 1988, 41 (41 ff.).

[314] *Landau*, in ZRP 2005, 50 (54).

Anwendung auf die Problematik der aktiven Sterbehilfe

Nach der Konkretisierung der jeweiligen Grundrechte stellt sich nun die Aufgabe, die Erkenntnisse auf das zu Grunde liegende Thema anzuwenden. Dabei sollen folgende Fragen beantwortet werden: Ist die Selbsttötung als Verfügung über das eigene Leben stets zulässig oder hat der Staat die Pflicht oder Möglichkeit, sie in Ausnahmefällen zu verbieten oder zu verhindern? Stellt die aktive Sterbehilfe im Vergleich zur Selbsttötung eine Fremdverfügung dar? Darf der Staat die aktive Sterbehilfe verbieten? Darf der Staat die aktive Sterbehilfe erlauben? Ist der Staat verpflichtet, dem Sterbewilligen aktiv bei der Ausführung der Tötung zu helfen?

Die Selbsttötung

Vorab ist nochmals näher auf die Fragen der Zulässigkeit der Selbsttötung einzugehen, da eine vorgenommene Fremdtötung überhaupt nur erlaubt sein kann, wenn auch der entsprechende Rechtsgutträger selbst über sein Leben verfügen kann.

Rechtsnatur der Selbsttötung

Wichtigkeit für die Beurteilung der Zulässigkeit der Verfügung über sein Leben erlangt die Frage nach deren Rechtsnatur. Zu unterscheiden sind dabei der Grundrechtsverzicht, der Grundrechtsnichtgebrauch und der Negativgebrauch von Grundrechten.

Grundrechtsverzicht bedeutet hierbei, die rechtlich verbindliche endgültige Aufgabe von seinen Grundrechten. Fraglich dabei ist jedoch, ob Rechte aufgegeben werden können, die nicht vom Staat gegeben sind, sondern dem Einzelnen bereits vorstaatlich zustehen. Die Anerkennung der Menschenwürde und des Rechts auf Leben durch das Grundgesetz bedeutet hierbei nicht, dass jene Rechte nicht auch schon vorstaatlich bestehen, andernfalls wäre der Mensch im „Naturzustand" würdelos und hätte kein Recht auf Leben. Dies widerspricht jedoch schon der Interpretation der Menschenwürde, wie sie oben dargestellt ist. Durch den Grundrechtsverzicht kann man nicht auf seine vom Staat anerkannten Rechte verzichten. Ein Verzicht kann vielmehr nur dahingehend interpretiert werden, dass der Betroffene nicht die Rechte an sich aufgibt, sondern er auf die staatliche Anerkennung und deren Schutz verzichtet.[315]

Davon sind jedoch der Grundrechtsnichtgebrauch sowie der Negativgebrauch von Grundrechten zu unterscheiden. Ein Grundrechtsnichtgebrauch liegt vor, wenn der Träger des Grundrechts auf dessen *Ausübung* verzichtet.[316] Er verzichtet gleichwohl nicht für die Zukunft darauf, sondern nur im konkreten Einzelfall. So möchte derjenige, der nicht zur Wahl geht und von seinem Wahlrecht i.S.d. Art. 38 Abs. 2 GG keinen Gebrauch macht, nicht zum Ausdruck bringen, dass er ganz auf dieses Recht verzichtet. Auch derjenige, der trotz Eröffnung des Rechtsweges i.S.d. Art. 19 Abs. 4 S. 1 GG sich zur Untätigkeit entschließt, wird nicht seiner Rechte für die Zukunft verlustig. Der Grundrechtsnichtgebrauch erstreckt sich dabei lediglich auf die status activus Funktion der Grundrechte und damit auf Rechte, die erst im Staate entstehen. Der Negativgebrauch der Grundrechte hingegen bezieht sich auf die Freiheitsrechte. Dabei liegt es in der Natur der Rechte, dass sie vom Bürger wahrgenommen werden können, sie dazu aber nicht verpflichtet sind. Der Staat darf die freie Meinungsäußerung nicht verhindern, er darf zugleich aber auch nicht den Bürger zur Meinungsäußerung verpflichten. Auch die Freiheit nach eigenem Ermessen Versammlungen zu besuchen, darf nicht zur Pflicht werden, da hier der Charakter des Rechts auf Etwas in sein Gegenteil verkehrt würde. Ein Recht auf Etwas muss damit notwendigerweise auch immer die Wahl zwischen Wahrnehmung und Nichtwahrnehmung lassen. Die Ausübung der negativen Verhaltensfreiheit stellt demnach die Wahl der Verhaltensalternative Unterlassen dar.[317]

Bei der Selbsttötung verzichtet der Suizident nicht auf sein Recht zu leben, sondern nur auf sein Leben.[318] Dies hat grundlegende Bedeutung, da ein Verzicht auf sein Leben keinerlei rechtliche Bindungswirkung entfaltet.

---

[315] BVerfGE 9, 194 (199) wo es darum ging, dass der Bürger durch Verzichtserklärung auf eine verwaltungsgerichtliche Klage verzichtet hat; *Merten*, in FS Glaeser, S. 61; *Stern*, Staatsrecht III/2, S. 898 f., 926 ff.

[316] *Merten*, in FS Glaeser, S. 54 f.

[317] *Stern*, Staatsrecht III/2, S. 905.

[318] *Merkel*, in JZ 1996, 1145, (1151).

Unabhängig davon, ob ein irreversibler Grundrechtsverzicht überhaupt möglich ist, verzichtet der Suizident hier nicht auf sein Abwehr- und Schutzrecht gegenüber dem Staat. Er macht lediglich von seinem negativen Recht Gebrauch, eben gerade nicht leben zu müssen.[319]

Spezielle Zulässigkeit

Ob die Selbsttötung als Verfügung über das eigene Leben allgemein zulässig ist, wurde oben bereits bejaht. Sie wird darüber hinaus sogar als negative Ausgestaltung des Rechts auf Leben als Freiheitsrecht durch die Verfassung geschützt. Nichtsdestoweniger liegt ein Spannungsverhältnis zwischen staatlichem Lebensschutz und Selbstbestimmung vor. Zu klären bleibt demnach die Frage, welche Anforderungen an den Grundrechtsträger zu stellen sind, damit seine Freiheit nicht durch staatliche Schutzpflichten eingeschränkt wird. Wie bereits dargelegt, haben Schutzpflichten die Funktion, die Freiheit der Menschen auch gegenüber Dritten zu schützen und damit zur Geltung zu verhelfen. Ein Schutz des Bürgers gegen sich selbst ist grundsätzlich damit nicht verbunden. Dennoch sind Konstellationen denkbar, in denen der Schutz der Rechtsgüter des Betroffenen Vorrang vor seinem Interesse auf Wahrnehmung seiner Freiheit genießt. Bedeutung erlangt hier die Frage nach der Freiwilligkeit des Entschlusses und der Ausführung der Selbsttötung. Dem Staat kommt, wie bereits erwähnt, bei dem Schutz auf Leben eine stärkere Schutzpflicht aufgrund der Irreversibilität zu. Handelt der Suizident nicht in Ausübung seiner Freiheit, sondern unter heteronomen Zwang, wiegt die Schutzpflicht des Staates mehr wie die scheinbare Freiheit des Betroffenen. Problematisch ist jedoch, ob und wie überhaupt festgestellt werden kann, ob Freiverantwortlichkeit gegeben ist. In der Suizidforschung wird zunächst einmal zwischen zwei Arten des Suizids unterschieden, dem Bilanzsuizid und dem ambivalenten Suizid. Als Bilanzsuizid wird diejenige Selbsttötung gewertet, die aus einer reiflichen Überlegung heraus und unter Abwägung des Für und Wider erfolgt. Die Handlung kann hierbei als bewusste und gewollte Freiheitsausübung gesehen werden. Anders verhält es sich dabei jedoch beim ambivalenten Suizid, hier fehlt es in der Regel an der Ernsthaftigkeit des Verlangens. Der vorgenommenen Tötungshandlung

---

[319] *Merten*, in FS Glaeser, S. 59 f.

kommt nicht die Funktion der Herbeiführung des Todes als alleinigem Zweck zu, sondern sie dient eher als Hilferuf.[320] Der Betroffene hat keine wirklichen Todesphantasien, sondern das Verlangen nach Hilfe und der Lösung von Lebensproblemen.[321] Das Interesse dieser Personen richtet sich tatsächlich auf ein erträglicheres Weiterleben, paradox daran ist, dass der Betroffene in Ausübung seiner Autonomie, die er an sich nicht preisgeben möchte, jene irreparabel vernichtet. Fraglich ist, ob der Staat hier die Pflicht hat, im Sinne der Schutzpflichten eine Selbsttötung zu vermeiden. Bejaht man dieses, eröffnet sich unverzüglich ein weiteres praktisches Problem. Besteht nämlich die Verhinderungspflicht nur bezüglich der ambivalenten Selbsttötung,[322] so ist diese zumeist im konkreten Fall aus *ex ante* Sicht nicht offenkundig.[323] Es besteht zum einen die Gefahr, dass fälschlicherweise eingegriffen wird, obwohl eine freie und reflektierte Entscheidung vorgelegen hat und zum anderen, dass nicht eingegriffen wird, obwohl dies erforderlich gewesen wäre. Auch eine klare Abgrenzung zwischen den Fallgruppen gestaltet sich schwierig, da die Schwelle, die jeder Leid zu ertragen bereit ist, unterschiedlich hoch ist. Es zeigt sich somit, dass eine objektive Würdigung der Beweggründe des Suizidenten schlechthin unmöglich ist. Schwierig gestaltet sich die Beurteilung darüber hinaus durch die meist unter Zeitdruck zu treffenden Entscheidungen.

Ein weiteres Problem ergibt sich aus der Frage der echten Freiverantwortlichkeit im Sinne einer strafrechtlichen Zurechnung. Die Suizidforschung geht dabei davon aus, dass eine eigenverantwortliche Handlung nur im Ausnahmefall gegeben ist.[324] In der überwiegenden Anzahl der Fälle liegt eine psychische Grunderkrankung vor, wie z.B. Neurosen, Depressionen oder Alkoholsucht. Fraglich ist jedoch, welchen Einfluss dies auf die verfassungsrechtliche Beurteilung hat. Für die Autonomie des Betroffenen spricht die Tatsache, dass eine Entschuldigung

---

[320] Evangelisches Staatslexikon, Stichwort Suizid, S. 2426 (2430); *Hirsch*, in ZRP 1986, 239 (242).

[321] Evangelisches Staatslexikon, Stichwort Suizid, S. 2426 (2430), demnach sind 90% aller Suizide auf psychische, besonders depressive Erkrankungen und Psychosen wie Schizophrenie zurückzuführen.

[322] Vgl. *Jarass*, in Jarass/Pieroth, Art. 2 Rn. 27, 78; *Murswiek*, in Sachs, Art. 2 Rn. 211.

[323] *Hirsch*, in ZRP 1986, 239 (242).

[324] Nachweis bei *Jähnke*, in Jähnke/Laufhütte/Odersky, StGB, Vor § 211 Rn. 27.

gemäß §§ 20, 21 StGB bei anderen Straftaten trotz vorgenannter Krankheiten in der Regel nicht in Frage kommt. Der Betroffene handelt also gegenüber einem Fremden voll verantwortlich. Überträgt man dies auf die Selbsttötung oder auf die aktive Sterbehilfe, kann man sagen, dass auch hier der Patient autonom gehandelt hat. Eine Unzulässigkeit der eigenen Tötung kann hieraus nicht folgen.

Das Recht auf Leben als jedermanns Recht kann jedoch durch Gesetz beschränkt werden. Damit kann auch eine Einschränkung der Lebensbeendigungsfreiheit gemäß Art. 2 Abs. 2 S. 3 GG erfolgen. Wenn man wie hier die negative Seite des Rechts auf Leben vollumfänglich als eigenes Grundrecht anerkennt, so darf die Einschränkung jedoch nicht die Folge haben, dass durch ein Gesetz die Selbsttötung gänzlich verboten würde. Dieses grundsätzliche Verbot wäre nicht mit Art. 19 Abs. 2 GG vereinbar und würde in die Wesengehaltsgarantie dieses Rechts eingreifen. Eine umfassende Pönalisierung der Selbsttötung ist folglich *nicht* mit der Verfassung vereinbar. Fraglich ist, inwieweit ein solches Selbsttötungsverhinderungsgesetz zulässig sein kann. Bei einem Bilanzsuizid scheidet ein Eingriff zum Schutz des Betroffenen aus, da jener in Ausübung seiner Freiheit handelt.[325] Ein lebensrettender Eingriff bei einem ambivalenten Selbsttötungsversuch erscheint hingegen geboten, da meist die Rettungshandlung im eigentlichen Interesse des Betroffenen steht. Bei der Ausgestaltung eines solchen Schutzgesetzes kommt dem Gesetzgeber ein weiter Gestaltungsspielraum zu. Er darf dabei jedoch nicht verkennen, dass das Überlebensinteresse im Widerstreit mit dem Freiheitsinteresse steht und eine Regelung möglichst beiden Interessen weitestgehend gerecht werden muss.

Die Verhinderungspflicht Dritter

Eine Erfolgsverhinderungspflicht Dritter kann in den vorgenannten Fällen nur bestehen, wenn der Selbsttötungsversuch sich als Unglücksfall i.S.d. § 323 c StGB darstellt bzw. eine Garantenpflicht besteht. Umstritten ist dabei die Frage, ob es sich *per definitionem* bei einer Selbsttötung um einen

---

[325] *Dreier*, in Dreier, Art. 1 I Rn. 157; *Murswiek*, in Sachs, Art. 2 Rn. 211.

solchen Unglücksfall handelt.[326] Ein solcher soll nach Rechtsprechung des Bundesgerichtshofes dann vorliegen, wenn plötzlich eintretende äußere Ereignisse, die erhebliche Gefahren für Menschen oder Sachen hervorrufen oder hervorzurufen drohen, bestehen.[327] Die ganz überwiegende Auffassung verneint eine Hilfeleistungspflicht dann, wenn der Handelnde frei und unbeeinflusst seine Entscheidung getroffen hat. Ein Unglücksfall soll nicht gegeben sein, da hier gerade nicht plötzlich ein äußeres Ereignis eingetreten ist.[328] Dieser Ansicht ist auch vom Standpunkt des Verfassungsrechts zuzustimmen. Mit einer allgemeinen Verhinderungspflicht würde der Gesetzgeber die Freiheit des Suizidenten auf mittelbarem Wege einschränken, indem er den durch die Handlung gewollten Erfolg vereitelt. Dasselbe gilt für unechte Unterlassungsdelikte,[329] da auch hier nicht gegen den Willen des freiverantwortlich handelnden Sterbewilligen interagiert werden darf.

Die Beihilfe zur freiverantwortlichen Selbsttötung

Die Beihilfe zur freiverantwortlichen Selbsttötung ist, wie bereits oben erwähnt, mangels rechtswidriger Haupttat straflos. Problematisch wird es jedoch dann, wenn sich die Beihilfe zum Suizid in ihrer äußeren Erscheinung und ihrer Handlung stark an die aktive Sterbehilfe annähert. Nachstehend soll untersucht werden, ob sich diese Unterscheidung rechtfertigen lässt und ob sich daraus Rückschlüsse auf die Zulässigkeit der aktiven Sterbehilfe ergeben.

Zunächst ist noch einmal festzuhalten, dass bei der Beihilfe zum Suizid die letzte Ausführungshandlung beim Sterbewilligen selbst verbleibt, wohingegen diese letzte Handlung bei der aktiven Sterbehilfe vom Dritten vorgenommen wird. So wird in dem einen Fall lediglich die Möglichkeit eröffnet, z.B. durch Verfügbarmachung von todbringenden Medikamenten, sich selbst zu töten. Im anderen Fall wird darüber hinausgehend das

---

[326] *Otto*, in NJW 2006, 2217 (2221 f.); ausführlich zu der Frage *Dölling*, in NJW 1986, 1011 (1012 ff.).

[327] *Cramer/Sternberg-Lieben*, in S/S, StGB, § 323 c Rn. 5 m.w.N.

[328] Ebd., § 323 c Rn. 7 m.w.N.; *Wessels/Hettinger*, StrafR BT 1, Rn. 60 ff.; *Otto*, in NJW 2006, 2217 (2221); a.A. *Dölling*, in NJW 1986, 1011 (1017) im Ergebnis aber für eine Rechtfertigung, wenn ein Abwägungssuizid vorliegt.

[329] *Eser*, in S/S, StGB, Vorbem § 211 ff. Rn. 39 ff. mit umfangreichen Nachweisen.

Medikament noch appliziert. In beiden Fällen wird die vom Dritten vorgenommene Handlung Bestandteil der Kausalkette, die schlussendlich im Tod endet. Richtiger Anknüpfungspunkt für die Bewertung der Handlung Dritter kann demnach nur die letzte vorgenommen Handlung sein, die einen so genannten *point of no return* schafft.[330] Auf diese letzte Handlung wird für die Frage der Strafwürdigkeit des Dritten abgestellt.[331] Diese nicht immer eindeutige Abgrenzung kann dabei zu abwegigen Konstellationen führen. Nimmt man den Fall, dass der Arzt den Becher mit Gift zum einen den Patienten hinstellt, zum anderen ihm beim Trinken hilft oder ihm das Medikament *intravenös* verabreicht. Beim ersten Fall wird relativ eindeutig eine Strafbarkeit zu verneinen sein, wie im letzten zu bejahen. Fraglich ist, worauf konkret beim zum Mund führen und beim Trinken helfen abzuzielen ist. Kann ein vom Hals abwärts gelähmter Patient nur noch seinen Mund bewegen und muss ihm der Arzt deshalb behilflich sein, kann der letzte Tatbeitrag dann im in den Mund laufen lassen oder im Schlucken zu erblicken sein. Diese sich in Zeitablauf und Tatbeitrag zum Teil minimal unterscheidenden Konstellationen können im Strafrecht zu keiner befriedigenden Lösung führen. Blickt man auf die Konsequenzen, bleibt der eine Fall straffrei, der andere kann mit Freiheitsstrafe bis zu fünf Jahren gemäß § 216 Abs. 1 StGB bestraft werden. Eine Beurteilung ist dabei stark fallabhängig, was unter Umständen dazu führen kann, dass unterschiedliche Gerichte ähnliche Fälle unterschiedlich beurteilen.

Das Ergebnis dieser Problematik ist dabei, dass aufgrund der erheblichen Unsicherheiten eine Beihilfe von Seiten des Arztes ganz unterbleibt, um sich nicht der Gefahr einer Bestrafung auszusetzen. Gleichzeitig verengt sich für den Sterbewilligen die Möglichkeit, durch Suizid selbstbestimmt aus den Leben zu scheiden. Ob sich daraus für den Gesetzgeber eine Handlungspflicht ergibt, in dem Sinne, dass er eine klarere Bestimmung schaffen muss, soll hier noch nicht beantwortet werden.

---

[330] In BGH 13, 166 f. wurde noch auf den Täterwillen des Helfenden abgestellt, dies wurde jedoch in BGH 19, 138 f. zugunsten einer ganzheitlichen Tatherrschaftsbetrachtung aufgegeben, da sich bei einer Tötung auf Verlangen der Täter dem Willen des Opfers unterwirft und ein eigener Täterwille nicht besteht, s. *Eser*, in S/S, StGB, § 216 Rn. 11.

[331] *Eser*, in S/S, StGB, § 216 Rn. 11.

Festzuhalten bleibt, dass die Beihilfe zum Suizid in jedem Fall der freiverantwortlichen Handlung des Suizidenten straffrei bleibt. Eine deutliche Abgrenzung zur aktiven Sterbehilfe gestaltet sich in Konfliktsituationen schwierig und führt damit zur Rechtsunsicherheit.

Zusammenfassung

Zusammenfassend kann gesagt werden, dass Art. 2 Abs. 2 S. 1 GG nicht nur das positive Recht auf Leben, sondern auch die negative Seite in Form der Lebensaufgabe umfasst. Dies hat zur Folge, dass die Selbsttötung grundsätzlich straffrei sein muss. Würde der Gesetzgeber den Suizid unter Strafe stellen, wäre dies ein nicht zurechtfertigender Eingriff in Art. 2 Abs. 2 S. 1 i.V.m. Art. 1 Abs. 1 GG, da damit in den Wesensgehalt des Grundrechts gemäß Art. 19 Abs. 2 GG eingegriffen würde. Unabhängig von der strafrechtlichen Beurteilung stellt sich für den Gesetzgeber die Frage nach der Anwendbarkeit und der Ausgestaltung der Schutzpflichten. Er hat dafür Sorge zu tragen, dass das Leben und die Würde als Höchstwerte der Verfassung nicht gegen den Willen des Betroffenen verletzt werden dürfen. Ob sich diese Schutzpflicht auch auf den Grundrechtsträger selbst erstrecken kann, hängt ausschließlich davon ab, ob der Schutz im Hinblick auf seine Interessen geboten erscheint. Dies ist zumindest nicht anzunehmen, wenn klar erkennbar ist, sei es durch vorherige Ankündigung oder aus den objektiven Umständen, dass der Rechtsgutträger sich seiner Handlung bewusst ist und sie freiverantwortlich ohne äußeren Zwang vorgenommen hat. Hier kommt dem Staat nicht bloß nicht die Pflicht zum Eingreifen zu, er darf sogar nicht eingreifen. Anders verhält sich dies jedoch dann, wenn zu besorgen ist, dass der Suizident sich des Ausmaßes seiner Handlung nicht bewusst ist oder eine Situation vorliegt, die eine freie Willensbildung nicht zulässt. Der Staat kann in einem solchen Fall sogar verpflichtet sein Rettungshandlungen vorzunehmen, um die Autonomie des Betroffenen zu schützen. Hierin zeigt sich die Schwierigkeit der Ausgestaltung der Schutzpflichten. Der Staat hat zum einen durch sie die Freiheit zu fördern, begibt sich zum anderen aber in die Gefahr, durch dieselbe Handlung die Freiheit zu verkürzen. Nachfolgend soll untersucht werden, ob die über die Selbsttötung als Selbstverfügung über sein Leben gewonnenen Erkenntnisse ihrem Wesen nach auch auf die Fremdtötung in Form der aktiven Sterbehilfe angewandt werden können.

Unterscheidung zwischen Selbst- und Fremdtötung

Probleme wirft die Frage auf, ob es sich bei der Ausführung der vom Betroffenen ernstlich verlangten Tötung um eine von der Selbsttötung, lediglich bezüglich des Tatwerkzeugs unterscheidende Eigenverfügung, oder um eine Fremdverfügung handelt. Eine Fremdverfügung liegt zumindest dann vor, wenn die Tötung ohne den Willen des Betroffenen erfolgte. Diese Tötung gegen den Willen des Opfers kann nur in Ausnahmefällen, z.b. Notwehr, finaler Todesschuss oder rechtfertigende Pflichtenkollision gerechtfertigt sein. Dem Staat trifft hier die Pflicht, sich vor Angriffen Dritter schützend vor das Leben des Betroffenen zu stellen. Da die unfreiwillige Tötung in den Höchstwert Leben eingreift und dieses irreparabel zerstört, ist die strafrechtliche Sanktionierung auch geboten. Fraglich ist jedoch, ob sich bei der Tötung auf Verlangen grundsätzlich eine andere Bewertung der Schutzpflichten des Staates ergibt. Für eine Differenzierung spricht bereits die Herauslösung aus den sonst für Fremdtötungen einschlägigen §§ 212 und 211 StGB. Bei dem § 216 StGB handelt es sich zum einen um eine unselbstständige Privilegierung und zum anderen um einen selbstständigen Tatbestand.[332] Um gemäß § 216 StGB strafbar zu sein, muss der Tatbestand der Tötung i.S.d. § 212 StGB erfüllt sein. Eine Strafverschärfung nach § 211 StGB kommt nicht in Betracht, wohl aber ein minder schwerer Fall des Totschlags. Diese Privilegierung kann nur dadurch gerechtfertigt sein, dass der Handlungsunwert im Gegensatz zur Fremdtötung geringer ist. Der Täter hat sich dabei nicht von eigenen Interessen leiten lassen, sondern entspricht dem suizidähnlichen Verlangen des Getöteten.[333] Damit wird von Seiten des Staates klargestellt, dass eine Fremdtötung auch in diesem Fall strafbar ist, zugleich wird aber auch signalisiert, dass der Unrechtsgehalt im Vergleich zu den übrigen Tötungsdelikten geringer ist. Diese Unterscheidung geht jedoch nicht unmittelbar auf die Freiwilligkeit des Opfers und dessen Recht auf Lebensaufgabe zurück, sondern auf das dem Strafrecht innewohnende Schuldprinzip. Der Täter wird lediglich deshalb privilegiert, weil seine Motive bei der Tötung auf Verlangen in der Regel weniger stark sozial

---

[332] *Eser*, in S/S, StGB, § 216 Rn. 22.

[333] Ebd., § 216 Rn. 1.

unadäquat und moralisch verachtenswert sind wie bei einem Totschlag oder sogar Mord.[334] Er stellt sich mit der Tötung nicht willentlich gegen die Gesellschaft, sondern erfüllt den Wunsch des Betroffenen. Der zur Tötung Bestimmte erhält jedoch zu keiner Zeit ein Bestimmungsrecht über das Leben des Sterbewilligen,[335] andernfalls könnte die Tötung auf Verlangen umschlagen in eine Tötung ohne Verlangen. Der Verlangende geht mit seinem Wunsch keine rechtliche Bindung gegenüber dem Ausführenden ein. Er bleibt bis zur letzten Ausführungshandlung Herr des Verfahrens, d.h. seinem Willen ist die Tatausführung unterworfen und nicht dem des Helfers. Würde der zur Tötung Bestimmte trotz des für ihn klar erkennbaren widerrufenen Tötungsverlangens die Tat ausführen, würde er sich eines Totschlags oder Mordes strafbar machen, dies wäre selbst dann der Fall, wenn der Tatausführende wesentlich von der geforderten Tötungsart abweicht.[336] Er hat sich bei der Ausführung gänzlich dem Willen des Opfers unterzuordnen und trägt selbst kein Entscheidungsrecht, welches ihm zum Richter über fremdes Leben aufschwingt.[337] Die Tatsache, dass dem Täter freisteht die Tat zu begehen, widerspricht dem gerade nicht, da dies wiederum lediglich Ausfluss seiner in der Menschenwürde begründeten Autonomie ist. Auch die mit der Entscheidung einhergehende Beurteilung des Lebenswertes durch ihn ist als Ausdruck seines Gewissens als eigenständiges Subjekt keine Missachtung des Betroffenen.[338]

Festzuhalten bleibt, dass das Verfügungsrecht bei der Tötung auf Verlangen wie bei der Selbsttötung beim Sterbewilligen verbleibt. Er bleibt Letztentscheidungsträger. Der Arzt erhält dabei kein Verfügungsrecht, sondern ist lediglich Ausführungswerkzeug. Der Patient verfügt damit

---

[334] *Jähnke*, in Jähnke/Laufhütte/Odersky, StGB, § 216 Rn. 2 m.w.N.

[335] So aber *Correll*, in AK-GG, Art. 2 Abs. 2 Rn. 66.

[336] *Jähnke*, in Jähnke/Laufhütte/Odersky, StGB, § 216 Rn. 5.

[337] So aber *Correll*, in AK-GG, Art. 2 Abs. 2 Rn. 66; auch *Wilms/Jäger*, in ZRP 1988, 41 (45) erblicken in der Tötung auf Verlangen eine dem Sterbewilligen entgegengebrachte nötigende Willkür; in diesem Sinne *Birkner*, in ZRP 2006, 52 (54); *Jähnke*, in Jähnke/Laufhütte/Odersky, StGB, § 216 Rn. 1.

[338] *Antoine*, Sterbehilfe, § 10 III 4 b, S. 265.

selbst und gibt nur die Ausführung aus der Hand.[339] Inwieweit diese Feststellung in der Beurteilung der aktiven Sterbehilfe zu berücksichtigen sein muss, wird im Nachfolgenden erörtert.

Die aktive Sterbehilfe

Die Fremdtötung als Verfügung über das Leben eines anderen ist zweifelsohne strafbewehrt. Bei der aktiven Sterbehilfe als Unterform der Tötung auf Verlangen liegt eine solche Fremdverfügung jedoch nicht vor. Die staatliche Schutzpflicht für das Leben wird dadurch bereits eingeschränkt, da auch die aktive Sterbehilfe zunächst vom Schutzbereich des Art. 2 Abs. 2 GG umfasst ist. Ob das ausnahmslose Verbot des § 216 StGB vor diesem Hintergrund gerechtfertigt ist, soll im Folgenden geprüft werden. Nach der Eingriffsabwehrrechtlichen Betrachtung soll geprüft werden, ob die Schutzpflichten des Staates ein Verbot der aktiven Sterbehilfe zwingend erforderlich machen.

Verfassungsmäßigkeit des § 216 StGB

Die aktive Sterbehilfe als Unterform der Tötung auf Verlangen ist mit Ausnahme der indirekten Sterbehilfe voll vom Tatbestand des § 216 StGB erfasst. Dies führt zu dem Problem, dass auch in Extremsituationen am Lebensende keine andere strafrechtliche Beurteilung zugelassen werden kann.[340] Es stellen sich demnach die Fragen, ob die aktive Sterbehilfe vom Schutzbereich eines Grundrechts erfasst ist und ob ein Eingriff in dieses Recht zu rechtfertigen ist. Wesentlicher Prüfungsmaßstab für die Beurteilung der aktiven Sterbehilfe ist das Recht auf Leben in seinem positiven wie negativen Schutzumfang. Wie oben bereits erläutert, findet eine separate Prüfung anhand des Art. 1 Abs. 1 GG nicht statt, da die speziellere Schutzgewähr von Art. 2 Abs. 2 S. 1 GG ausgeht. Die Menschenwürde bleibt jedoch insoweit Prüfungsmaßstab, als dass ihr Grundgehalt bereits im Kernbereich des Rechts auf Leben verwirklicht wird.

---

[339] *Hollenbach*, Grundrechtsschutz im Arzt-Patienten-Verhältnis, S. 290.

[340] *Wiedemann*, in GG Mitarbeiterkommentar und Handbuch, Art. 2 II Rn. 308.

a. Schutzbereich des Art. 2 Abs. 2 S. 1 Alt. 1 i.V.m. Art. 1 Abs. 1 GG

Auslegung des Wortlauts

Bei der Auslegung des Wortlauts weiter oben hat sich ergeben, dass die Formulierung Recht auf Leben auch die negative Seite umfasst. Es fällt demnach in die Freiheit jedes Einzelnen, ob er sein Leben beenden möchte. Ob dies zur Folge hat, dass der Sterbewillige auch das Recht hat, seine Dispositionsfreiheit mit Hilfe Dritter umzusetzen, kann aus dem Wortlaut nicht geschlussfolgert werden. Aus der negativen Seite des Art. 2 Abs. 2 S. 1 GG kann zwar das Recht auf den eigenen Tod abgeleitet werden, nicht jedoch auf Tötung durch andere.

Historische Auslegung

Fraglich ist, ob der verfassungsgebende Gesetzgeber auch das Recht auf aktive Sterbehilfe umfasst sehen wollte. Um dies beurteilen zu können, ist auf den generellen Regelungszweck des Art. 2 Abs. 2 S. 1 GG abzustellen. Der Parlamentarische Rat hatte bei der Schaffung der Norm primär die Zielsetzung, Verbrechen, wie sie im Nationalsozialismus unter dem Deckmantel der Euthanasie geschehen sind, zu verhindern. Eine Tötung von Menschen aufgrund utilitaristischer bzw. eugenischer Erwägungen, wie sie von den Nationalsozialisten vorgenommen wurden, sollte unter dem Grundgesetz mit allen Mitteln vermieden werden.[341] Einer Relativierung von Leben wirkt dabei bereits Art. 1 Abs. 1 GG entgegen. Das Leben wurde als Individualrechtsgut jeglicher staatlicher Verfügungsbefugnis entzogen. Grund dafür war, dass in der NS-Zeit die Euthanasie nicht als Verwirklichung der Freiheitssphäre des Einzelnen durchgeführt wurde, sondern aus ideologischen Gründen. Die Verwendung des Begriffs Euthanasie hatte dabei nichts mehr gemein mit dem eigentlichen Wortsinn, des guten Todes. Euthanasie wurde zur euphemistischen Tarnbezeichnung für Genozide und Morde an Kranken und Behinderten. Der Parlamentarische Rat wollte mit dem Recht auf Leben und der Verbindung mit der Menschenwürde ein starkes Abwehrrecht gegen staatliche Eingriffe errichten. Ein Vergleich zwischen der Euthanasie-Praxis der Nationalsozialisten und der heutigen Sterbehilfe

---

[341] *Di Fabio*, in Maunz/Dürig/Herzog, Art. 2 II Rn. 4 f.

verbietet sich schon deshalb, weil beiden die jeweils gegenteilige Motivation zu Grunde liegt. Eine Verknüpfung bloß aufgrund der Wortwahl herstellen zu wollen ist unzulässig. Es stellt sich demnach die Frage, ob der Verfassungsgeber auch jegliche nicht staatliche Fremdtötung als verboten ansehen wollte. Für eine Zulässigkeit spricht die Hervorhebung der Autonomie und der Individualität des Einzelnen. Es sollte gerade verhindert werden, dass eine überhöhte Gemeinschaftsgebundenheit zu utilitaristischen und rassenideologischen Bewertungen des Lebens führt.[342] Ein generelles Verbot der Euthanasie in Form der aktiven Sterbehilfe kann durch die historische Auslegung nicht gestützt werden.

Systematische Auslegung

Ob durch die systematische Betrachtung ein Recht auf aktive Sterbehilfe bejaht werden kann, hängt wesentlich mit der oben vorgenommenen Auslegung des Art. 2 Abs. 2 S. 1 GG zusammen. Dabei hat sich ergeben, dass dem Freiheitsrecht auf Leben auch dessen negative Seite zugeordnet werden kann. Kernpunkt dieser Untersuchung war dabei die abwehrrechtliche Dimension, d.h. die Reichweite der Freiheit, die vom Staat als status negativus der Grundrechte geachtet werden muss. Fraglich ist, ob sich diese Betrachtung ansatzweise auf die Beurteilung der aktiven Sterbehilfe übertragen lässt. Dazu muss die aktive Fremdtötung als Handlung ebenfalls der status negativus Funktion der Grundrechte zugeordnet werden können. Da beim Recht auf den eigenen Tod notwendigerweise auch die dazugehörige Tötungshandlung umfasst sein muss, fällt konsequenterweise auch die durch Dritte vorgenommene Tötungshandlung in den Freiheitsbereich.[343] Die Handlung des Dritten unterfällt dabei seiner allgemeinen Handlungsfreiheit gemäß Art. 2 Abs. 1 GG.[344] Der Staat hat diese Freiheitsausübung grundsätzlich zu respektieren und kann nur aufgrund der Schutzpflichten einschränkend tätig werden. Fraglich ist, ob diese Sichtweise dadurch eine Änderung erfährt, dass in staatlichen Kliniken die Tätigkeit des Arztes quasi dem Staat zugerechnet

---

[342] *Antoine*, Sterbehilfe, § 10 III 2, S. 258.

[343] *Lindner*, in JZ 2006, 373 (377).

[344] Ebd.

werden kann. Hier besteht der Anschein, dass die an sich abwehrrechtliche Komponente, die das Recht auf Leben in seiner positiven Erscheinung schützen soll, durch den Staat gerade umgangen wird. Der Staat beeinträchtigt gerade das Rechtsgut, dass er zu schützen hat.[345] Wollte man dieser Betrachtung folgen, würde man bei nichtstaatlichen Kliniken zu einem anderen Ergebnis als bei staatlichen kommen. Eine solche Unterscheidung wird jedoch der Praxis nicht gerecht, da die Ausübung der ärztlichen Tätigkeit sich in beiden Fällen nicht voneinander unterscheidet. Auch fehlt es an einer Verknüpfung, die die Bewertung vom status activus zum status positivus als staatlichen Leistungsbezug rechtfertigt.[346] Der Staat leistet hier nicht schon deshalb Sterbehilfe, weil der mit ihm in einem Arbeitsverhältnis stehende Arzt von seinem Recht auf freie Entfaltung seiner Persönlichkeit Gebrauch macht. Er greift vielmehr beschränkend in diese Handlungsfreiheit ein. Diese Beschränkung führt wiederum auf Seiten des Sterbewilligen dazu, dass sein negatives Lebensrecht, welches auch die Bestimmung Dritter zur Hilfe umfasst, verkürzt wird.

Abschließend bleibt zu sagen, dass die Beurteilung der aktiven Sterbehilfe als Fremdtötung im Wesentlichen den Ausführungen zur Selbsttötung entspricht. Das allgemeine Recht, über sein Leben verfügen zu können, umfasst auch das Recht, sich der Hilfe Dritter zu bedienen.

Menschenwürdekonforme Auslegung

Bei der Bewertung der Zulässigkeit der Fremdtötung muss beachtet werden, dass das Recht auf Leben in seinem Kern von der Menschenwürde überlagert wird. Findet ein Eingriff in diesen inneren Bereich statt, ist dieser sogleich ein Verstoß gegen die Menschenwürde und führt folglich zur Verfassungswidrigkeit. Liegt mit der Fremdtötung ein solcher Würdeverstoß vor, kann er nicht sogleich Schutz durch Art. 2 Abs. 2 S. 1 GG beanspruchen, und das strafrechtliche Verbot des § 216 StGB wäre zulässig.

---

[345] *Kunig*, in v. Münch/Kunig, Art. 2 Rn. 51; *Starck*, in v. Mangoldt/Klein, Art. 2 Abs. 2 Rn. 191; *Antoine*, Sterbehilfe, § 10 III 3, S. 258.

[346] *Antoine*, Sterbehilfe, § 10 III 3, S. 259.

1. Objektbehandlung

Ein Verstoß gegen die menschliche Würde liegt zumindest dann vor, wenn der Sterbewillige zum bloßen Objekt des Handelnden gemacht wird, er also in seiner Subjektqualität verletzt wird. Dies ist dann anzunehmen, wenn er der Willkür des Dritten dergestalt ausgeliefert ist, dass sich die Verfügung über das Leben als Fremdverfügung darstellt. Bei der freiwilligen, ernstlich verlangten Fremdtötung begibt sich der Sterbewillige gerade nicht in die Hände und damit in die Verfügungsgewalt des Dritten. Er bedient sich lediglich seiner Hilfe bei der Ausführung. Ob sich eine Fremdverfügung daraus ergibt, dass durch die Handlung des Dritten die Freiheit des Betroffenen für die Zukunft zerstört ist, ist fraglich.[347] Es entspricht zwar der Tatsache, dass mit dem Ende des Lebens auch die Grundrechtsfähigkeit erlischt, dies führt jedoch nicht unweigerlich zum Verlust der Würde. Auch der tote Mensch hat eine dem Leben nachfolgende und auf es zurückgehende Würde.[348] Ebenso ist die Behauptung der „Zweck des Menschen ist es zu existieren"[349] nicht tauglich, um eine Objektbehandlung anzunehmen, da zum einem zu jeder biologischen Existenz auch deren Ende gehört, egal ob auf natürlichem Wege oder aber selbstbestimmt. Das Sterben und der Tod gehören wie das Gezeugt- und Geborenwerden zusammen und können nicht losgelöst voneinander betrachtet werden.[350] Zum anderen ergeben sich aus der konsequenten Anwendung dieser Annahme Handlungsmaximen, die gerade nicht mit der in der Würde innewohnenden Autonomie vereinbar sind. Ist der dem Menschen vorgegebene Zweck die möglichst lange Erhaltung seiner Existenz, so verbieten sich nicht nur direkte Eingriffe in das Recht auf Leben, sondern auch der Negativgebrauch durch den Rechtsgutinhaber von Beginn an. Dies hat zu Folge, dass weder die passive Sterbehilfe noch die Selbsttötung zulässig sind, sie verstoßen vielmehr nach dieser Ansicht gegen die Würde

---

[347] So jedoch *Wilms/Jäger*, in ZRP 1988, 41 (45).

[348] BVerfGE 30, 173 (194).

[349] *Wilms/Jäger*, in ZRP 1988, 41 (45).

[350] „Das Leben endet mit dem Tod als einem Aliud zum Leben" *Schulze-Fielitz*, in Dreier, Art. 2 II Rn. 30; *Di Fabio*, in Maunz/Dürig/Herzog, Art. 2 II Rn. 39.

des Menschen.[351] Dieses Ergebnis greift signifikant in die von der Würde geschützte Autonomie des Menschen ein, er bleibt dabei nicht länger Zweck in sich selbst, sondern wird zum Mittel zur Zweckerfüllung. Des Weiteren liegt dieser Ansicht eine im Grundgesetz nicht nachweisbare Gleichsetzung von Würde und Leben zu Grunde.

Die Anknüpfung an den in der Zukunft nicht mehr möglichen Freiheitsgebrauch kann für die Ermittlung einer Würdeverletzung nicht herangezogen werden. Es ist vielmehr auf den Zeitpunkt der Ausführungshandlung abzuzielen und zu fragen, wer über das Leben verfügt hat. Nur im Falle einer Fremdverfügung kann dabei ein möglicher Würdeverstoß zu erblicken sein.[352] Dass dies bei der aktiven Sterbehilfe jedoch nicht der Fall ist, wurde oben bereits erörtert. Eine die Würde verletzende Objektbehandlung kann folglich nicht angenommen werden.

2. Objektive Werteordnung

Durch die aktive Sterbehilfe wird die Würde des Betroffenen nicht verletzt, da sie Ausdruck seiner Individualität und Autonomie ist.[353] Fraglich ist jedoch, ob ein Menschenwürdeverstoß im Hinblick auf Dritte gegeben ist. Ein derartiger Verstoß könnte in einer Missachtung derjenigen Personen zu erblicken sein, die sich im Vergleich zum Sterbewilligen in einer ähnlichen Leidenssituation befinden. Kommt durch die aktive Sterbehilfe zum Ausdruck, dass ein Leben unter Schmerzen oder mit bestimmten Krankheiten objektiv nicht mehr lebenswert sei, so könnte darin eine Verletzung des Wert- und Achtungsanspruchs derjenigen Menschen liegen. Um dies annehmen zu können, müsste die Entscheidung des Sterbehilfebeantragenden und des Arztes sowie eine Duldung des Staates ein objektives Werturteil darstellen, das auch im Außenverhältnis so verstanden wird. Ein solcher Verstoß wurde vom

---

[351] *Antoine*, Sterbehilfe, § 10 III 4 b, S. 264.

[352] A.a. *Wilms/Jäger*, in ZRP 1988, 41 (45).

[353] *Holzhauer*, in ZRP 2004, 41 (43) folgert aus dem subjektiven Grundrecht aus Art. 1 I GG, welches dem objektiven Grundwert des Lebens überlegen ist, dass § 216 StGB seinen *Telos* nach nicht auf die passive Sterbehilfe angewendet werden soll, im Bezug auf die aktive Sterbehilfe argumentiert er lediglich für die Beibehaltung, da ansonsten ein Missbrauch auf die Preisgabe des § 216 StGB hinauslaufe.

Bundesverwaltungsgericht in der Frage der gewerberechtlichen Erlaubnis einer Peep-Show[354] angenommen, oder auch vom Verwaltungsgericht Neustadt in der so genannten „Zwergenweitwurf-Entscheidung"[355]. Das Gericht sah, unabhängig von der Würde der von der Handlung direkt Betroffenen, den Achtungsanspruch anderer kleinwüchsiger Menschen verletzt, da eine Geringachtung aller zum Ausdruck komme.[356] Ob dies auch im Fall der aktiven Sterbehilfe angenommen werden kann ist fraglich, da hier bereits der Patient nicht in seiner Würde verletzt ist, sondern von ihr Gebrauch macht.[357] Eine Würdeverletzung sterbender Menschen könnte jedoch dann angenommen werden, wenn die Normierung der aktiven Sterbehilfe nicht als Ausdruck der Achtung des Patientenwillens geschieht, sondern z.B. aus finanziellen Erwägungen. Der Mensch würde dann als Mittel zur Kostenersparnis zur berechenbaren Größe und damit seiner Subjektqualität beraubt. Dies ist jedoch gerade nicht Ansatzpunkt bei der Frage der Zulässigkeit der aktiven Sterbehilfe. Im Mittelpunkt steht der Patient mit seiner Autonomie und seinem Recht auf selbstbestimmten Tod.

Der Wunsch des Sterbewilligen ist nicht in der Lage, die Würde anderer Menschen zu verletzen.

Zusammenfassung

Abschließend kann demnach festgestellt werden, dass der Wunsch nach aktiver Sterbehilfe ebenso von Art. 2 Abs. 2 S. 1 i.V.m. Art. 1 Abs. 1 GG gedeckt ist wie die Selbsttötung.[358] Der Gesetzgeber muss Eingriffe in dieses Recht rechtfertigen.

b. Eingriff

Unproblematisch ist hier die Frage, ob § 216 StGB in dieses vom Grundgesetz gewährte Recht auf freie Selbstverfügung über sein Leben eingreift. Nach dem modernen Eingriffsbegriff liegt ein solcher bereits vor,

---

[354] BVerwGE 64, 274.
[355] VG Neustadt, NVwZ 1993, 98.
[356] Ebd., S. 99.
[357] *Antoine*, Sterbehilfe, § 10 III 4 d, S. 267.
[358] *Hollenbach*, Grundrechtsschutz im Arzt-Patienten-Verhältnis, S. 290.

wenn staatliches Handeln, welches dem Einzelnen ein Verhalten, das in den Schutzbereich eines Grundrechts fällt, ganz oder teilweise unmöglich macht, gleichgültig ob diese Wirkung final oder unbeabsichtigt, unmittelbar oder mittelbar, rechtlich oder tatsächlich, mit oder ohne Befehl und Zwang erfolgt.[359] Das generelle staatliche Verbot verletzt die Freiheitsausübung des Patienten nicht unmittelbar, eine Rechtsverkürzung findet vielmehr dadurch statt, dass dem Arzt die Handlung verboten wird, die faktisch für die Grundrechtsausübung des Patienten unerlässlich ist. Ein Eingriff in Art. 2 Abs. 2 S. 1 i.V.m. Art. 1 Abs. 1 GG ist folglich gegeben.

c. Rechtfertigung

Nachfolgend soll geklärt werden, ob dieser Eingriff in das Verfügungsrecht des Patienten gerechtfertigt ist. Zunächst ist erst einmal festzustellen, dass Art. 2 Abs. 2 S. 1 GG nicht schrankenlos gewährleistet wird. Dies spiegelt auch die Differenzierung zwischen dem Schutzgehalt der Menschenwürde und des Rechts auf Leben wider. Gemäß Art. 2 Abs. 2 S. 3 GG kann das Recht auf Leben durch Gesetz eingeschränkt werden. Diese Schranke muss auf den Negativgebrauch des Art. 2 Abs. 2 S. 1 GG ebenso Anwendung finden. Von dieser Schranke macht der Gesetzgeber durch sein Verbot der Tötung auf Verlangen gemäß § 216 StGB auch Gebrauch. Zu prüfen ist folgend, ob diese Einschränkung das Übermaßverbot verletzt und somit unverhältnismäßig in die Rechte der Betroffenen eingreift.

Verhältnismäßigkeitsprüfung

Der Eingriff in Grundrechte muss stets schonend erfolgen und darf die Freiheit der Betroffenen nicht über Gebühr beschränken. Ein Eingriff ist in der Regel dann verhältnismäßig, wenn er in seiner Zwecksetzung ein legitimes Ziel verfolgt, dieses Ziel mit dem Eingriff erreicht oder deren Erreichung begünstigt wird, die Regelung dabei erforderlich und im Einzelfall auch angemessen ist.

---

[359] *Pieroth/Schlink*, Grundrechte Staatsrecht 2 (Aufl. 21), Rn. 240.

1. Legitimer Zweck

Zunächst stellt sich die Frage, welche(n) Zweck oder Zwecke der Gesetzgeber mit der Regelung verfolgt und ob diese als solche verfolgt werden dürfen.[360]

Der Staat greift hier auf das Instrument des Strafrechts zurück, dies führt nicht lediglich zu einem Verbot der aktiven Sterbehilfe, sondern zu einer Bedrohung mit erheblicher Strafe. Dem Strafrecht kommt dabei eine ultima ratio Funktion zu, die besonders wichtige Werte, die von der Rechtsgemeinschaft als schützenswert angesehen werden, unter den besondern Schutz des Staates stellt.[361] § 216 StGB schützt hier das menschliche Leben sowie seine Würde und Freiheit. Wie oben bereits ausführlich dargelegt, handelt es sich hier um verfassungsrechtliche Höchstwerte, in die der Staat nicht ohne Weiteres eingreifen darf, sondern darüber hinaus sogar Sorge tragen muss, einen hinreichenden Schutz vor Angriffen Dritter zu schaffen. Die Schutzpflichtdimension der Grundrechte engt den Handlungsspielraum des Gesetzgebers in Form des Untermaßverbotes sogar ein.[362] Bei der Frage der Strafwürdigkeit einer unfreiwilligen Fremdtötung ist die Sanktionierung sogar geboten. Fraglich ist, ob sich an der Zwecksetzung des Staates bei der Tötung auf Verlangen etwas anderes ergibt. Das Motiv, Tötungen im Wege der negativen Generalprävention zu vermeiden, um das Lebensrecht des Einzelnen zu schützen, liegt bei der freiverantwortlichen Fremdtötung nicht klar zu Tage. Die staatliche Schutzpflicht kann, wie oben erläutert, nicht zum einen die Funktion des Freiheitsschutzes und zum anderen der Freiheitsbeschränkung haben. Eine Pflicht des Gesetzgebers den Sterbewilligen vor sich selbst zu schützen besteht grundsätzlich nicht.[363] Ein Schutz gegen den Willen des

---

[360] Ebd., Rn. 278 ff.

[361] Vgl. BVerfGE 39, 1 (46); 27, 18 (29); 45, 187 (253); *Eser*, in S/S, StGB, Vorbem § 1 Rn. 27.

[362] *Di Fabio*, in Maunz/Dürig/Herzog, Art. 2 II Rn. 41; *Starck*, in v. Mangoldt/Klein/Starck, Art. 2 II Rn. 197.

[363] *Antoine*, Sterbehilfe, § 19 III 3, S. 377.

Betroffenen kann nur dann zulässig sein, wenn ein legitimes Gemeinwohlinteresse besteht.[364]

Ein Gemeinwohlinteresse am absoluten Lebensschutz kann dabei nicht angenommen werden. Das Leben stellt gerade kein Gemeinschaftsgut, sondern ein individuelles Recht jedes menschlichen Lebens dar. Auch müsste dann die passive und die indirekte aktive Sterbehilfe ebenso vom Verbot umfasst sein. Ansatzpunkt könnte jedoch die Gefahr für Rechtsgüter sein, die von der Zulässigkeit der aktiven Sterbehilfe ausgeht. So liegt der Grund der Bestrafung nicht in der Tötung an sich, da die Selbsttötung auch nicht strafbar ist, sondern in der Ausführung durch einen Dritten. Bei dieser Delegation der Handlung besteht die Gefahr, dass der Betroffene mögliche Entscheidungsdefizite in die Verantwortung des Arztes abschiebt[365] und eine ausführliche Abwägung des Für und Wider bei der Fremdtötung weit weniger intensiv vornimmt als bei der Selbsttötung.[366] Der Schutz bezieht sich demnach nicht auf das Leben an sich, sondern auf die Gefahr des unfreiwilligen Verlustes desselben.[367] Der Staat wirkt dabei einer Übereilung entgegen, die aufgrund der Irreversibilität des Rechtsguts besonders schwerwiegende Konsequenzen hat. Würde man diese Gründe für die Statuierung von Schutzpflichten allein als ausreichend betrachten, so wäre auch ein Verbot der selbst vorgenommenen Tötung und die passive Sterbehilfe zulässig.[368] Ein weiterführendes Argument ist hingegen der Schutz vor unfreiwilliger und missbräuchlicher Sterbehilfe.[369] Hier besteht nicht die Gefahr der

---

[364] BVerfGE 90, 145 (172).

[365] *Rixen*, Lebensschutz am Lebensende, S. 374.

[366] *Antoine*, Sterbehilfe, § 19 III 3, S. 377.

[367] *Hollenbach*, Grundrechtsschutz im Arzt-Patienten-Verhältnis, S. 291 f.; *Oduncu/Eisenmenger*, in MedR 2002, 327 (329) berichten hier von einem Fall, in dem eine Ehefrau nicht mehr gewillt ist ihren Mann zu pflegen und ihn vor die Wahl Pflegeheim oder Euthanasie stellt, der Mann wählte den Tod.

[368] *Lindner*, in JZ 2006, 373 (378).

[369] So tragen niederländische Patienten immer öfter eine Verfügung in der Tasche, die dem Arzt - vorsichtshalber- das Töten untersagt FAZ, vom 27.04. 2004, Nr. 98, S. 33; ebenfalls *Oduncu*, in MedR 2005, 437 (445) der davon spricht, dass im März 2004 11.000 Menschen in den Niederlanden im Besitz einer sog. CredoCard waren, die explizit dokumentiert, dass sie *nicht* euthanasiert werden möchten.

Übereilung, sondern dass ein tatbestandlicher Totschlag oder Mord im Nachhinein als Sterbehilfe getarnt wird. Solchen Gefahren muss der Gesetzgeber, wolle er nicht das Untermaßverbot verletzen, vorbeugen.

Auch eine unkontrollierbare Ausweitung der Fremdtötung im Sinne des weit verbreiteten Dammbrucharguments kann den staatlichen Schutz auslösen. Die Gefahr besteht dabei darin, dass, was zunächst als Ausnahme für Grenzfälle vorgesehen war, zur Routine wird.[370] Fraglich ist jedoch, welcher Einschätzungsspielraum dem Gesetzgeber zusteht, da die Gefahr des Dammbruchs[371] nicht auf empirische Daten gestützt werden kann, sondern eine Prognose darstellt. Dem kann jedoch insoweit entgegen gehalten werden, dass der § 216 StGB nicht das einzige abstrakte Gefährdungsdelikt darstellt,[372] sondern vielfach eine strafrechtliche Sanktionierung auch einer potentiellen Gefahr bei besonders wichtigen Rechtsgütern legitim ist.

Des Weiteren besteht die Gefahr, dass mit der Durchbrechung des Fremdtötungsverbotes negative Signale an diejenigen Patienten ausgesandt werden, die sich ebenfalls in einem irreversiblen Leidenszustand befinden. Die bloße Möglichkeit der aktiven Sterbehilfe könnte dabei bereits eine Zwangssituation hervorrufen, der sich Patienten ausgesetzt sehen, die in der letzten Phase ihres Lebens verstärkt menschlicher Zuwendung und Pflege bedürfen.[373] Finanzieller Druck[374] durch die Gesellschaft würde die zu schützende Autonomie ad absurdum führen.[375] Auch werden Bedenken dahingehend geäußert, dass der Patient zu einem Arzt, dem aktive Sterbehilfe erlaubt ist, kein für eine Behandlung notwendiges Vertrauensverhältnis mehr aufbauen kann.[376]

---

[370] FAZ vom 25.02.2003, Nr. 47, S. 36; ebenfalls beispielhaft dafür FAZ vom 26.09.2003, Nr. 224, S. 38.

[371] Dazu ausführlicher unter C III 2 b aa.

[372] Vgl. §§ 202, 202 a, 297, 306, 306 a, 316, 323 c, 328 StGB.

[373] *Hirsch*, in ZRP 1986, 239 (242).

[374] Laut FAZ vom 27.04.2004, Nr. 98, S. 33 errechneten amerikanische Wissenschaftler den Spareffekt, der mit dem assistierten Selbstmord erreicht wird.

[375] *Lindner*, in JZ 2006, 373 (378); *Antoine*, Sterbehilfe, § 19 III 7, S. 380.

[376] *Giesen*, in JZ 1990, S. 929 (935).

Im Ergebnis bleibt festzuhalten, dass die mit dem absoluten Verbot der einvernehmlichen Fremdtötung verfolgten Ziele legitim sind. Der Gesetzgeber hat darüber hinaus einen weiten Einschätzungsspielraum, der ihn erlaubt, auch auf das Strafrecht zurückzugreifen. Die Schutzpflichten gebieten des Weiteren, den Patienten vor übereilten Entscheidungen zu bewahren und den Missbrauch der aktiven Sterbehilfe vorzubeugen.

2. Eignung zur Zweckerreichung

Unproblematisch ist hier die Frage, ob dieses Mittel zur Zweckerreichung beiträgt. Das Strafrecht errichtet den größtmöglichen Schutz, dem ein Rechtsgut zuteil werden kann.[377] Ein präventives Verbot, welches jede Fremdtötungshandlung pönalisiert, beugt den vorgenannten Gefahren umfassend vor.

3. Erforderlichkeit

Schwieriger gestaltet sich die Frage der Erforderlichkeit der Regelung. Der Gesetzgeber darf nicht in diesem hohen Maße in die Freiheit der Bürger eingreifen, wenn zur Zweckerreichung mindestens ein weiteres Mittel zur Verfügung steht und dieses ebenso effektiv ist.[378] Problematisch erscheint dabei schon die Tatsache, dass ein ebenso effektives Mittel neben dem Strafrecht nicht existiert.[379] Das absolute Verbot statuiert einen Schutz, der durch andere Vorkehrungen kaum erreicht werden kann. Darüber hinaus hat der Gesetzgeber bei der Bewertung seiner Handlungsmöglichkeiten eine Einschätzungsprärogative, welche dazu führt, dass Zweifel an der Erforderlichkeit stets zugunsten des Gesetzgebers gehen.[380] Dieser Prognosespielraum ist Ausdruck der Gewaltenteilung i.S.d. Art. 20 Abs. 2 S. 2 i.V.m. Art. 20 Abs. 1 GG. Könnte ein Gericht die zum Teil auch politischen Entscheidungen vollumfänglich überprüfen, würde die vom Volk ausgehende Staatsgewalt unterminiert. Des Weiteren zeigen die oben kurz dargestellten Gefahren, dass der Einsatz des Strafrechts nicht

---

[377] *Antoine*, Sterbehilfe, § 19 IV, S. 382.

[378] Vgl. BVerfGE 90, 145 (172); 30, 292 (316 f.); 63, 88 (115); 67, 157 (173); *Pieroth/Schlink*, Grundrechte Staatsrecht 2 (Aufl. 21), Rn. 285.

[379] *Lindner*, in JZ 2006, 373 (380).

[380] *Pieroth/Schlink*, Grundrechte Staatsrecht 2 (Aufl. 21), Rn. 287.

von vornherein unverhältnismäßig ist.[381] Ob jedoch die vom Strafrecht ohne Ausnahme verbotene Fremdtötung auch im Einzelfall gerechtfertigt ist, soll nachfolgend erörtert werden.

4. Verhältnismäßigkeit im engeren Sinne/Angemessenheit

Der Verhältnismäßigkeitsprüfung im engeren Sinne kommt die Funktion der nochmaligen Schlüssigkeitskontrolle der bereits festgestellten Ergebnisse zu. Dabei wird unter Zugrundelegung der gezogenen Schlüsse die Zumutbarkeit für den Einzelfall untersucht. Unzumutbar wäre die Regelung, wenn die Beeinträchtigung des grundrechtlich geschützten Interesses des Sterbewilligen ihrer Intensität nach außer Verhältnis zur verfassungsrechtlichen Bedeutung des angestrebten Zwecks stünde.[382]

Das Verbot der Tötung auf Verlangen bei gesunden Menschen, die sich nicht in einem irreversiblen Krankheitszustand befinden, wird dabei leichter zu rechtfertigen sein, als bei Menschen, die aufgrund ihrer unerträglichen Leiden und ihres Krankheitsbildes selbst nicht mehr in der Lage sind, ihrem Leben ein Ende zu bereiten. Im erstgenannten Fall wird das Recht auf den eigenen Tod zwar auch dadurch eingeschränkt, dass der Betroffene die Handlung nicht von Dritten vornehmen lassen kann, dies erscheint im Hinblick darauf, dass eine Selbsttötung weiterhin möglich ist, jedoch weit weniger freiheitsverkürzend als im zweiten Fall. Auch muss hier dem Lebensschutz Vorrang eingeräumt werden, da die erhöhte Gefahr besteht, dass ein scheinbar Sterbewilliger trotz der Möglichkeit seinem Leben selbst ein Ende zu setzen, gerade nicht aus Lebensmüdigkeit, sondern aus anderen Motiven die Tat verlangt.[383]

Derjenige Patient, der infolge seiner Krankheit oder aus sonstigen Gründen selbst nicht mehr in der Lage ist, von seiner Autonomie Gebrauch zu machen, ist für die Verwirklichung seines Grundrechts unweigerlich auf die Hilfe Dritter angewiesen. Geht man wie hier von dem Grundrecht auf Selbsttötung aus, so entstehen konsequenterweise für den Staat daraus auch

---

[381] Inwieweit diese Gefahren den Gesetzgeber auch bei der Bewertung seiner Schutzpflichten bzgl. einer angestrebten Legalisierung binden, soll weiter unten erörtert werden.
[382] *Lindner*, in JZ 2006, 373 (380) m.w.N.
[383] *Rixen*, Lebensschutz am Lebensende, S. 374 Fn. 611.

Schutzpflichten bezüglich der Wahrnehmbarkeit des Rechts. Eine Einschränkung dahingehend, dass die Ausübung des Rechts faktisch unmöglich gemacht wird, ist weder mit der durch die Menschenwürde geschützten Autonomie noch mit der Wesensgehaltsgarantie vereinbar. Das Recht auf Selbsttötung fließt ebenso in die Abwägung des Gesetzgebers ein wie andere relevante Grundrechte. Der Staat hat demnach im Wege der praktischen Konkordanz sicherzustellen, dass das Selbstbestimmungsrecht des Patienten nicht unterlaufen wird.[384] Dies geschieht *de lege lata* zum einen dadurch, dass der Lebens- und Autonomieschutz durch den § 216 StGB und seiner generellen Strafbewehrung jeder aktiven direkten Fremdtötung gewährleistet wird, zum anderen die Selbsttötung und die Teilnahme daran straffrei sind.[385] Der Selbstbestimmung des Patienten wird auch dadurch gerecht, dass der Arzt nicht verpflichtet ist, um jeden Preis eine Behandlung durchzuführen, sondern es allein vom geäußerten oder mutmaßlichen Willen des Betroffenen abhängt. Die Entscheidung des Moribunden, durch Behandlungsabbruch sein Leben nicht weiter künstlich zu verlängern, ist als Ausdruck seiner Autonomie stets zu beachten.

Wichtigster Ansatzpunkt für die Bewertung der Angemessenheit ist demnach die Autonomie der Patienten. Problematisch sind folglich Konstellationen, in denen der Patient jeder Möglichkeit, seine Freiheit selbst durchzusetzen, beraubt ist. So kann ein Patient mit einem sogenannten „*locked-in-syndrom*" zwar seinen Willen z.B. durch Kommunikation über die Augen äußern,[386] er kann jedoch weder selbstständig einen Suizid begehen, noch wird ihm das durch eine Hilfeleistung ermöglicht.[387] Diese Patienten sind in ihrer Lebensführung komplett auf die Hilfe und Pflege anderer angewiesen. Sollte sich ein solcher Patient zur Beendigung seines Lebens entscheiden, so muss dieser Wunsch unberücksichtigt bleiben, da er ihn weder selbst erfüllen kann, noch ein anderer rechtlich in der Lage ist. Fraglich ist, ob im Hinblick auf die praktische Relevanz der bekannten Diagnosen mit Locked-in-Syndrom

---

[384] *Hufen*, in NJW 2001, 849 (855).

[385] *Antoine*, Sterbehilfe, § 19 V 1 b, S. 385.

[386] *Heinrich*, Das Locked-in-Syndrom, S. 12.

[387] Hierzu *Maasberg*, in DRiZ 2005, 268 (268 f.).

(LiS) das Verbot der aktiven Sterbehilfe unangemessen ist.[388] Ausgehend davon, dass nicht jeder LiS-Patient den Wunsch hat zu sterben und trotz zumeist infauster Prognose eine Wiedererlangung der Funktionstätigkeit des Gehirns nicht in jedem Fall ausgeschlossen ist,[389] ist die Wahrscheinlichkeit, dass ein echter Härtefall vorliegt, sehr gering. Darüber hinaus ist noch an die Fälle zu denken, bei denen eine schmerzmedizinische Behandlung aufgrund der Intensität des Grundleidens nicht mehr ausreichend durchgeführt werden kann. Auch bei diesen Fällen reicht der Schutz der Rechte des Patienten jedoch nach der geltenden Rechtslage aus, wenn man die Motive des Sterbeverlangens in der Krankheit selbst, also in den durch sie hervorgerufenen Schmerzen und Leiden sieht. So ist, wie oben bereits festgestellt, von der Möglichkeit der indirekten Sterbehilfe Gebrauch zu machen. Durch eine sogenannte terminale Sedierung,[390] d.h. durch Einsatz bewusstseinsdämpfender Medikamente, können Schmerzen oder sonstige Leiden des Patienten mit dem potentiellen Risiko der Lebensverkürzung gestillt werden.

Eine generelle Unverhältnismäßigkeit aufgrund dieser Fälle kann nicht angenommen werden. Vielmehr muss der § 216 StGB in solchen Fällen verfassungskonform interpretiert werden, was die Möglichkeit der Rechtfertigung gemäß § 34 StGB mit einschließt.[391]

Abschließend kann gesagt werden, dass eine unzumutbare Härte für den Einzelfall nur dann angenommen werden kann, wenn die Handlungsfreiheit des Patienten dergestalt eingeschränkt ist, dass weder die Selbsttötung noch eine der übrigen Handlungsalternativen einen ausreichenden Grundrechtsschutz bieten können. Fraglich erscheint nach dem Gesagten, ob ein solcher Härtefall überhaupt denkbar oder wahrscheinlich ist. Das

---

[388] Die Anzahl der Fälle mit festgestellten Locked-in-Syndrom sind sehr gering, vgl. *Heinrich*, Das Locked-in-Syndrom, S. 14 m.w.N., die von 32 Fällen auf 100.000 Patienten in einem Zeitraum von 10 Jahren berichtet

[389] Siehe zur Differenzierung der verschiedenen Stadien *Heinrich*, Das Locked-in-Syndrom, S. 40.

[390] *Maasberg*, in DRiZ 2005, 268 (269); Oduncu, in MedR 2005, 516 (518) m.w.N.

[391] *Herzberg*, in NJW 1986, 1635 (1639 ff.); *Kutzer*, in DRiZ 2005, 257 (258); *Antoine*, Sterbehilfe, § 19 VII, S. 394; ebenfalls *Otto*, in NJW 2006, 2217 (2222); *Jähnke*, in Jähnke/Laufhütte/Odersky, StGB, § 216 Rn. 17 m.w.N.

Bundesverfassungsgericht hatte bisher über keinen solchen Fall zu entscheiden.[392] Die bekannten Fälle von Sterbehilfe beschränken sich weitestgehend auf strafrechtliche und zivilrechtliche Problemfelder. So wurde beispielsweise der Fall Hackethal[393] überaus kontrovers diskutiert. Hier beschränkte sich die Handlung des Arztes jedoch auf eine Beihilfe zur Selbsttötung. Legt man den oben angesprochenen Fall des Locked-in-Syndroms als Maßstab zugrunde, kann von einer Unzumutbarkeit des strafrechtlichen Verbotes ausgegangen werden. Fraglich ist jedoch, welche Konsequenzen dies im Allgemeinen hat. Würde die Strafbarkeit der Tötung auf Verlangen ohne Einschränkung aufgehoben, so würde aus oben genannten Gründen von der Verletzung des Untermaßverbotes ausgegangen werden können.[394] Die Streichung des § 216 StGB wäre in Anbetracht der Schutzverpflichtung des Staates nicht mit dem Grundgesetz vereinbar. Ob eine Änderung des § 216 StGB geboten erscheint, um die Probleme, welche sich aus nicht anders abwendbaren Härtefällen ergeben, zu vermeiden, ist noch zu prüfen.[395]

Ergebnis

Im Ergebnis bleibt festzuhalten, dass das Verbot der aktiven Sterbehilfe in die Selbstbestimmung des Patienten gemäß Art. 2 Abs. 2 S. 1 i.V.m. Art. 1 Abs. 1 GG eingreift. Der § 216 StGB ist jedoch in seiner Funktion als Schutznorm, welche vor unfreiwilligen Verlust des Lebens schützen soll, gerechtfertigt. Härtefälle, in denen die Strafandrohung unverhältnismäßig erscheint, sind im Wege der verfassungskonformen Auslegung zu lösen.

Gebotenheit/Möglichkeit einer Gesetzesänderung

Von der Zulässigkeit eines Verbotes kann jedoch noch nicht auf die generelle Unzulässigkeit der aktiven Sterbehilfe geschlossen werden. Im Nachfolgenden soll unter Bezugnahme auf die oben vorgenommene

---

[392] Die Verfassungsbeschwerde, die BVerfGE 76, 248 zugrunde lag, wurde wegen Unzulässigkeit verworfen, auch ging es im besagten Fall nicht um eine Tötung auf Verlangen im engeren Sinne, sondern um die Frage der Zulässigkeit der Beihilfe zum Suizid.

[393] NJW 1987, 2940.

[394] Lindner, in JZ 2006, 373 (381); a.A. *Schulze-Fielitz*, in Dreier, Art. 2 II Rn. 85.

[395] Siehe unter C III 2 a.

Prüfung der Frage nachgegangen werden, ob und inwieweit eine Legalisierung der aktiven Sterbehilfe unter dem Grundgesetz möglich ist bzw. ob sie sogar geboten erscheint. Es sollen dabei noch einmal zusammenfassend die Interessen und Rechte des Sterbewilligen aufgezeigt werden und jene im Wege der praktischen Konkordanz zu den staatlichen Schutzpflichten ins Verhältnis gesetzt werden.

a. Interessen und Rechte des Patienten

Dass in Deutschland von Teilen der Bevölkerung die Einführung der aktiven Sterbehilfe durchaus als wünschenswert empfunden wird, lässt sich in vielen Umfragen nachlesen.[396] Die Gründe dafür sind zum Teil sehr unterschiedlich. Bei einer in den Niederlanden durchgeführten Umfrage unter Ärzten, aus welchen Gründen ihre Patienten Sterbehilfe beantragt haben, ergab sich, dass 65% sinnloses Leiden, 44% Entwürdigung, 43% allgemeine Schwäche/Müdigkeit und 29% Schmerzen als Gründe ansahen.[397] Aus dieser Aufzählung ergibt sich die Vielgestaltigkeit der Motive für eine aktive Sterbehilfe.[398] Dennoch kann festgehalten werden, dass der Kern der zum Teil unterschiedlichen Motive darin liegt, keine unnötigen Schmerzen und Leiden ertragen zu müssen und dadurch ein subjektiv würdeloses Leben zu führen. Die Patienten möchten sich folglich mit der aktiven Sterbehilfe einen Tod in Würde bereiten und unerträgliche Schmerzen und Leiden vermeiden. Diese Interessen sind grundrechtlich geschützt.

Eine gesetzgeberische Pflicht zur Normierung kann sich, entgegen der Entscheidungsfreiheit des Parlamentes, nur ergeben, wenn das Entschließungsermessen des Gesetzgebers dergestalt verdichtet ist, dass eine Nichtregelung Rechtsgüter in nicht zu rechtfertigender Weise beeinträchtigt. Dass dies nicht der Fall ist, wurde oben dadurch bewiesen, dass ein absolutes Verbot der direkten aktiven Sterbehilfe

---

[396] Siehe Fn. 4.

[397] Nachweis bei *Finger*, MedR 2004, 379 (380); sowie bei *Oduncu*, in MedR 2005, 437 (444) mit zum Teil differierenden Zahlen; bei den Umfragen war jeweils Mehrfachnennung möglich.

[398] Bei 3% der gestellten Bitten lag weder eine physische noch eine psychische Krankheit vor. Stattdessen hatten die Patienten mit dem Leben abgeschlossen, *Finger*, MedR 2004, 379 (380); bei *Oduncu*, in MedR 2005, 437 (444) beläuft sich die Zahl sogar auf 18%.

verfassungsrechtlich gerechtfertigt ist. Ob eine Legalisierung dennoch möglich ist, ist damit jedoch noch nicht beantwortet. Vielmehr bleibt die Frage zu erörtern, ob die staatlichen Schutzpflichten gegen eine Normierung sprechen.

b. Schutzpflicht des Staates

Wie bereits oben erörtert, ergibt sich aus den Grundrechten nicht nur ein Abwehrrecht gegenüber dem Staat, sondern verpflichtet diesen auch zum Schutz vor Eingriffen Dritter. Dieser Schutz ist umso wichtiger, je schwerer das betroffene Schutzgut wiegt. Der Staat schützt hier zum einen die Autonomie des Menschen, wie sie in seiner Würde angelegt ist, zum anderen seine physische Existenz. Beides sind Höchstwerte, deren Verletzung unbedingt vorgebeugt werden muss. Fraglich ist jedoch, ob der Staat verpflichtet ist, diesen Schutz anhand eines ausnahmslosen strafrechtlichen Verbotes zu gewährleisten. Dies ist dann zu bejahen, wenn den Gefahren, die mit einer Legalisierung einhergehen, nicht anders begegnet werden kann. Nachfolgend sollen die Gefahren unter Zugrundelegung des Dammbrucharguments näher betrachtet werden.

Dammbruchargument

Unter Dammbruch versteht man ganz allgemein die Gefahr, die durch die Aufgabe des allgemeinen Tötungstabus[399] entsteht. Bedenken bestehen dahingehend, dass sich durch eine vorgenommene Legalisierung der aktiven Sterbehilfe in Ausnahmefällen eine Bewusstseinsänderung in der Gesellschaft vollzieht, die den Boden für weitergehende Regelungen bereitet. Auch besteht die Schwierigkeit, klare Abgrenzungen zu schaffen, die es rechtfertigen, Überschreitungen, auch wenn diese minimal sind, zu pönalisieren.[400]

1. Theoretische Betrachtung

Das diese Möglichkeit oder Wahrscheinlichkeit eines Dammbruchs nicht nur auf abstrakter Ebene denkbar ist, sondern sich konkret an wiederholt aufgestellten Thesen manifestiert, zeigt beispielsweise das von den

---

[399] Zur Tabufunktion der Menschenwürde *Poscher*, in JZ 2004, 756 (758 ff.).
[400] *Antoine*, Sterbehilfe, § 14 III 1, S. 295 f.

Professoren Karl Binding und Alfred Hoche 1922 herausgegebene Journal zur „Freigabe der Vernichtung lebensunwerten Lebens".[401] Zwar waren die geäußerten Argumente nicht ein direktes Spiegelbild der damaligen Zeit, wurden aber als Legitimation der Durchführung der Eugenik unter den Nationalsozialisten wenig später missbraucht.[402] Gerade auch im Hinblick auf die Würde des Menschen, welche sich nach dem Zweiten Weltkrieg und den Verbrechen der NS-Zeit als unverletzlicher Grundsatz in den Köpfen der Menschen etabliert hat, besteht die Gefahr, dass sich das hohe Schutzniveau *zuungunsten* der Schwächeren und Kranken verschiebt. Dass diese Gefahr auch in unserer Gesellschaft, die von Menschenrechten durchdrungen scheint, besteht, zeigen auch die Überlegungen zur Mitleidstötung vom Vertreter des Utilitarismus Peter Singer. Wie schon bei Binding und Hoche wird von ihm das Thema der Tötung lebensunwerten Lebens behandelt.[403] Singer spricht dabei nur demjenigen ein Recht auf Leben zu, der auch ein Selbstbewusstsein, einen Sinn für Zukunft hat oder in der Lage ist, mit anderen Beziehungen zu knüpfen.[404] Dies entspricht im Wesentlichen den Überlegungen von Binding, der eine Tötung dann für zulässig hielt, wenn vom Zutötenden kein Widerstand im Sinne des Überlebenwollens erwartet werden kann, d.h. kein Lebenswille gebrochen werden muss.[405] Singer geht dabei sogar soweit, dem nicht sich „seiner selbst als einer distinkten Entität" bewussten Wesen die Menschlichkeit und ergo auch die Würde abzusprechen.[406] Für ihn sind Neugeborene und Föten Sachen, die austauschbar und ersetzbar sind.[407] Den Gipfel findet

---

[401] *Karl Binding/Alfred Hoche*: Die Freigabe der Vernichtung lebensunwerten Lebens, Freiburg i. Br. 1920.

[402] Beispielhaft ist hier die sog. Aktion T-4 bei der unter den Decknamen der Euthanasie über 100.000 Menschen mit Behinderung getötet wurden.

[403] *Singer*, S. 233, spricht hier direkt von Leben, das nicht Lebenswert ist.

[404] *Singer*, S. 119.

[405] *Binding/Hoche*, unter III.

[406] *Singer*, S. 123.

[407] *Singer*, S. 244.

seine Erörterung in der Ansicht, dass die Tötung von Leben, welches nicht als Person[408] zu betrachten ist, oft überhaupt kein Unrecht darstellt.[409]

In diesen Beispielen zeigt sich die Gefahr[410] für das Leben als Höchstwert unserer Rechtsordnung durch die konsequente Missachtung und Relativierung der jeden menschlichen Dasein zukommenden Würde. Zumindest kann festgestellt werden, dass Dammbruchtendenzen im Sinne einer Relativierung von Werten in der Gesellschaft bzw. im einzelnen Menschen angelegt sind. Trotz alledem handelt es sich bei den von der Nutzenethik aufgestellten Theorien eben nur um solche. Ob damit bereits eine ausreichende Begründung für die Ablehnung der aktiven Sterbehilfe vorliegt, ist allerdings fraglich, da hier lediglich Tendenzen aufgezeigt wurden, die einem empirischen Nachweis in unserer Gesellschaft nicht gleichstehen. Weitaus aussagekräftiger kann jedoch die Betrachtung der Rechtspraxis in den Niederlanden sein.

2. Entwicklung in den Niederlanden

Bevor näher auf die gegenwärtige Situation in den Niederlanden eingegangen werden kann, muss kurz auf die Entwicklung zu sprechen zu kommen sein, welche vorläufig im Gesetz zur Kontrolle der Lebensbeendigung auf Verlangen und der Hilfe bei der Selbsttötung (GÜL) endete.

Ähnlich wie in Deutschland gab es in den Niederlanden bereits Diskussionen über Euthanasie,[411] die bis in den Anfang der 50er Jahre

---

[408] Personen sind nach seiner Ansicht nur Menschen, die ihrer selbst bewusst sind, Wünsche hinsichtlich ihrer eigenen Zukunft haben, Rationalität besitzen und Autonom sind.

[409] *Singer*, S. 244, so wörtlich: „Tötet man eine Schnecke oder einen 24 Stunden alten Säugling, so vereitelt man kein Wünsche dieser Art, weil Schnecken und Neugeborene unfähig sind, solche Wünsche zu haben." S. 123; auch *Model/Müller*, GG, Art. 2 Rn. 20 verneinen den Grundrechtsschutz bei Kranken, die einer eigenen Subjektivität dadurch beraubt sind, dass sie an Maschinen angeschlossen sind und von diesen abhängen.

[410] Vgl. zur Debatte über die Zulässigkeit einer solchen Diskussion Die Zeit, vom 23.06.1989, S. 13.

[411] Hier wird der Begriff Euthanasie verwendet, da die in Deutschland vorgenommenen Unterscheidungen zwischen aktiver, passiver und indirekter Sterbehilfe nicht üblich sind, Euthanasie ist demnach „das Leben vorsätzlich beendende Handeln durch einen andern als den Betroffenen durch dessen Verlangen" *Khorrami*, in MedR 2003, 19 (19).

zurückreichen. Genährt wurden diese immer wieder durch Gerichtsentscheidungen, die sich mit spektakulären Einzelfällen von Mitleidstötungen zu befassen hatten. Bis zur Verabschiedung des GÜL waren in den Niederlanden die Tötung auf Verlangen und die Beihilfe zur Selbsttötung gemäß der Art. 293, 294 niederländisches Strafgesetzbuch (nlStGB) grundsätzlich verboten. Dennoch kam es durch die Gerichte zu einer Aufweichung der Strafbarkeit. So befand bereits 1952 bei einer Tötung auf Verlangen das Bezirksgericht Utrecht auf eine einjährige Freiheitsstrafe auf Bewährung. 1973 wurde sogar eine Ärztin, die einem Patienten eine tödlich wirkende Morphiumspritze appliziert hatte, zu einer Bewährungsstrafe von einer Woche verurteilt.[412] Die Gerichte gingen sogar so weit, im Wege der richterlichen Rechtsfortbildung Kriterien zu entwickeln, unter welchen die Euthanasie straffrei bleiben sollte, bzw. gar nicht vom gesetzlichen Verbot umfasst sein sollte.[413] Die Euthanasie sei demnach dann zu tolerieren, wenn der Patient unheilbar krank sei, unerträgliche Schmerzen habe, im Sterben liege und um die Euthanasie gebeten habe, um von seinen Leiden befreit zu werden.[414] Die Gerichte entwickelten schon damals bestimmte Sorgfaltsanforderungen, die die Freiwilligkeit des Patienten sichern sollten.[415] Aber nicht nur die Entwicklung in der Rechtsprechung trug zum liberalistischen Umgang mit der Euthanasie bei, sondern auch der Umgang mit ihr in der ärztlichen Praxis. Nach einer von der niederländischen Regierung 1990 in Auftrag gegebenen Studie, dem sogenannten *Remmelink-Report* und der 1995 von *van der Wal* und *van der Maas* durchgeführten Studie,[416] führten trotz Strafbarkeit viele Ärzte die Euthanasie bereits aus. Von 128.800 Todesfällen waren 1990 2.300 Menschen durch aktive Sterbehilfe zu Tode gekommen. 1995 waren es bereits 3.200. Darüber hinaus interessant ist die Anzahl der Beihilfen zum Suizid, die mit jeweils 400 Fällen

---

[412] Fälle entnommen bei *Khorrami*, in MedR 2003, 19 (21) m.w.N.

[413] *Khorrami*, in MedR 2003, 19 (21) m.w.N.; *Antoine*, Sterbehilfe, § 14 V, S. 308.

[414] *Khorrami*, in MedR 2003, 19 (21).

[415] *Janssen*, in ZRP 2001, 179 (180 f.).

[416] Vgl. zu beiden Studien ausführlich *Oduncu/Eisenmenger*, in MedR 2002, 327 (328 f.) m.w.N.; die Studien wurden jeweils anonym durchgeführt.

vergleichsweise niedrig ausgefallen sind.[417] Erschreckend ist die Anzahl der vorgenommenen Euthanasie an Patienten, die diese nicht ausdrücklich verlangt haben. 1990 wurden demnach 1000 Menschen und 1995 900 Menschen ohne ihren Wunsch getötet. Die von den Ärzten genannten Gründe waren die medizinische Ausweglosigkeit (67%), die Nächsten konnten es nicht mehr ertragen (38%) und geringe Lebensqualität (36%).[418] Ein gerichtliches Verfahren wegen Euthanasie oder Beihilfe zum Suizid wurde selten eingeleitet, was zum einen der Duldung durch die Justiz zugerechnet werden kann, zum anderen wurden 1990 lediglich 18%, 1995 41% der Fälle der Staatsanwaltschaft gemeldet. Dies bedeutet im Umkehrschluss, dass die überwiegende Anzahl der Ärzte gefälschte Todesbescheinigungen ausgestellt hat. Eine wirksame Kontrolle und damit ein wirksamer Schutz des Patienten vor ärztlichen Paternalismus lag nicht vor. Auch die 1998 eingerichteten regionalen Prüfungskommissionen, die der Staatsanwaltschaft vorgelagert wurden, änderten daran nichts.[419] Des Weiteren kam hinzu, dass die Sorgfaltskriterien, die zum Schutz des Patienten aufgestellt wurden, entweder gar nicht eingehalten wurden oder eine Nachprüfung aufgrund der Nichtmeldung unmöglich war.[420] Auch die Voraussetzung der Freiwilligkeit wurde weit ausgelegt und das Hauptaugenmerk auf das Bestehen eines unerträglichen und aussichtslosen Leidens gelegt.[421] Die größte Ärzteorganisation in den Niederlanden (Royal Dutch Medical Association) stellte sogar unlängst fest, dass es keinen guten Grund gebe, die Euthanasie von vornherein für Personen auszuschließen, die unter Lebensmüdigkeit leiden.[422]

Diese Entwicklung in den Niederlanden zeigt, dass trotz widersprechender Strafgesetze, mit zum Teil erheblichen Strafen, eine schrittweise Duldung der Euthanasie durch die Gesellschaft und den Staat eingetreten ist.[423]

---

[417] Nachweis bei *Oduncu/Eisenmenger*, in MedR 2002, 327 (328).

[418] Mehrfachnennungen waren möglich.

[419] *Oduncu*, in MedR 2005, 437 (444 f.).

[420] *Oduncu/Eisenmenger*, in MedR 2002, 327 (329).

[421] *Oduncu/Eisenmenger*, in MedR 2002, 327 (329) m.w.N.

[422] *H. Jochemsen*, in DRiZ 2005, 255 (256).

[423] *Janssen*, in ZRP 2001, 179 (180).

Durch die letztendlich vorgenommene Legalisierung durch das GÜL änderte sich die Wirklichkeit auf dem Gebiet der Euthanasie in den Niederlanden nicht.[424] Was sich ändern sollte, ist die Kontrolldichte. Die vom Arzt vorgenommene Euthanasie soll straffrei bleiben, wenn die in Art. 2 GÜL genannten Sorgfaltskriterien eingehalten werden und der Arzt die vorgenommene Euthanasie im Anschluss an den Leichenbeschauer gemäß Art. 7 Abs. 2 des Gesetzes über die Leichenbestattung gemeldet hat. 2001 lag die Zahl der nicht gemeldeten Euthanasien noch bei 46%.[425] Dies soll durch das neue Gesetz dadurch geändert werden, dass die Prüfungskommissionen ohne Einschaltung der Staatsanwaltschaft das Verfahren einstellen können, wenn alle Sorgfaltskriterien vom Arzt beachtet wurden.[426] Fraglich ist jedoch, ob dies dazu führt, dass gerade Ärzte, die die Sorgfaltsanforderungen nicht erfüllt haben, ihren Fall der Kommission melden.[427] Davon ist nach der bisherigen Praxis in den Niederlanden nicht auszugehen. Im Gegenteil besteht die Gefahr, dass Ärzte auf andere Weise z.B. durch eine terminale Sedierung den Todeseintritt herbeiführen, um den vorgeschriebenen Bericht zu vermeiden.[428] Auch ist es sehr fraglich, inwieweit eine nachgelagerte Prüfung den Interessen des Verstorbenen noch gerecht werden kann.

Würde man die niederländische Rechtslage zur Sterbehilfe auf Deutschland übertragen, hätte dies zur Folge, dass den Grundrechten des Patienten bezüglich seiner Lebensbeendigungsfreiheit scheinbar ein höherer Schutz zukommt. Durch die Missbrauchsanfälligkeit würde diese Erweiterung seines Rechtskreises jedoch ad absurdum geführt, da Lebensbeendigungsfreiheit zur Lebensbeendigungsgefahr mutieren würde. Eine nachträgliche Kontrolle ist schlicht untauglich, um dass von der Menschenwürde ausgehende hohe Schutzniveau zu gewährleisten.[429] Ob

---

[424] *Janssen*, in ZRP 2001, 179 (183); *Khorrami*, in MedR 2003, 19 (21).

[425] *Finger*, in MedR 2004, 379 (381).

[426] Ebd., S. 382; *Janssen*, in ZRP 2001, 179 (181 f.).

[427] *Antoine*, Sterbehilfe, § 14 V, S. 313.

[428] *H. Jochemsen*, in DRiZ 2005, 255 (255 f.); diese Gefahr des Missbrauchs besteht in Deutschland zwar auch, jedoch ist hier die Hemmschwelle aufgrund des Tötungstabus wesentlich höher *Antoine*, Sterbehilfe, § 14 III 2, S. 296.

[429] *Antoine*, Sterbehilfe, § 14 V, S. 312 f.

dieses Schutzniveau jedoch durch andere Sicherungsvorkehrungen gewährleistet werden kann, soll nachstehend untersucht werden.

Grundrechtsschutz durch Verfahren

Dass von einer Verletzung des Untermaßverbotes durch eine nachgelagerte, primär repressive Kontrolle ausgegangen werden kann,[430] wurde oben eingehend erörtert. Fraglich ist, ob mit anderen Vorkehrungen wirksam und zuverlässig Missbrauch insoweit ausgeschlossen werden kann, dass der Gesetzgeber hinreichend seiner Schutzverpflichtung nachkommt. Dies könnte durch ausgeprägte verfahrensrechtliche Regelungen, die speziell vor befürchtetem Missbrauch schützen sollen, erreicht werden. Dabei handelt es sich um die grundrechtsdogmatische Figur des Grundrechtsschutzes durch Verfahren.[431] Demnach hat der Gesetzgeber dafür Sorge zu tragen, dass der Schutz der Grundrechte durch organisatorische und verfahrensrechtliche Vorkehrungen sichergestellt ist.[432] Dies könnte durch eine der aktiven Sterbehilfe vorangehenden Überprüfung erfolgen. Die Überprüfung müsste verfahrensrechtlich dergestalt beschaffen sein, dass die Freiwilligkeit des Patienten jederzeit gewährleistet ist. Es müsste jeder Form von Missbrauch entgegengewirkt werden. Unmissverständlich müsste der Ausnahmecharakter der Regelung klargestellt werden. Eine aktive Sterbehilfe dürfte nur in Fällen, in denen ein effektiver Grundrechtsschutz des Patienten nicht anders erreicht werden kann, zulässig sein. Auch muss eine umfassende Aufklärung des Patienten, vergleichbar mit der Aufklärung vor operativen Eingriffen, stattfinden. Der Patient muss, wenn die Möglichkeit besteht, auf Alternativen, z.B. in Form einer palliativ-medizinischen Behandlung, hingewiesen werden. Besonderes Augenmerk muss hier darüber hinaus auf den Patienten liegen, die aufgrund ihrer Krankheit nicht mehr in der Lage sind, ihre Interessen mit der Außenwelt zu kommunizieren. Auf die Problematik der Patientenverfügung kann im Rahmen dieser Arbeit nicht ausführlicher eingegangen werden. Es kann jedoch auf die bei der passiven Sterbehilfe

---

[430] BVerfGE 90, 60 (96).

[431] Vgl. hierzu *Stern*, Staatsrecht III/1, S. 955 m.w.N.

[432] BVerfGE 65, 1 (44).

entwickelten Voraussetzungen verwiesen werden.[433] Insoweit kann gesagt werden, dass auch der Wunsch derjenigen Patienten zu respektieren ist, welche ihn nicht mehr artikulieren können. Dass die Gefahr des Missbrauchs hier zum Teil wesentlich höher ist, liegt auf der Hand. Eine grundsätzliche Ausgliederung solcher Patienten aus der aktiven Sterbehilfe kann jedoch nicht gerechtfertigt sein, da auch antizipierte Willenserklärungen ihre Gültigkeit haben und dies bei der passiven Sterbehilfe auch anerkannt ist.

Dass verfahrenstechnische Regelungen durchaus in der Lage sind, Missbrauch weitestgehend einzugrenzen, bestätigt sich in unserer Rechtsordnung an vielfacher Stelle. So ist z.B. der Erwerb und die Benutzung von Schusswaffen stark reglementiert, oder auch der Betrieb eines Kernkraftwerks.[434] Fraglich ist jedoch, ob die partielle Aufgabe des Fremdtötungsverbotes in der Lage ist, einen Bewusstseinswandel in der Gesellschaft hervorzurufen, der wiederum die Gefahr in sich birgt, zu einer Relativierung der Menschenwürde und des Rechts auf Leben zu führen. Dem kann jedoch entgegengehalten werden, dass ein absolutes Fremdtötungsverbot nicht existiert. So werden in vielfacher Weise Ausnahmen zugelassen, die keineswegs zu einer Bewusstseinsänderung geführt haben. Die Legalisierung der direkten aktiven Sterbehilfe unter den gebotenen Schutzmechanismen stellt im Hinblick auf die anderen Ausnahmen lediglich eine weitere dar.[435] Wichtig ist jedoch, zu verdeutlichen, dass es sich um eine Ausnahme handelt, bei deren Überschreitung die Anwendung des § 216 StGB weiterhin geboten ist. Auf welche Weise der Gesetzgeber dieser Pflicht des Grundrechtsschutzes durch Organisation und Verfahren nachkommt, liegt in seiner Einschätzungsprärogative.

c. Ergebnis

Zum Abschluss bleibt festzuhalten, dass die geschützten Interessen der Sterbewilligen auch dem Staat in seiner Funktion als Schutzverpflichteten

---

[433] Vgl. *Kutzer*, in FPR 2004, 683 (685 ff.); *Uhlenbruck*, in ZRP 1986, 209 (215 ff.).
[434] BVerfGE 53, 30 vgl. Leitsatz 4.
[435] Vgl. *Merkel*, in JZ 1996, 1145 (1147 f.)

binden. Die Gefahren, die von der Legalisierung der aktiven Sterbehilfe ausgehen, binden den Gesetzgeber jedoch bei der Ausgestaltung einer Regelung. Eine Normierung ist nur dann denkbar, wenn der Gefahr der Beeinträchtigung der Würde und des Rechts auf Leben wirksam vom Gesetzgeber entgegengewirkt wird. Dies kann durch verfahrensrechtliche Regelungen geschehen.

Zusammenfassung

Der Gesetzgeber hat die verfassungsrechtliche Aufgabe, die Bürger vor Eingriffen auch Dritter zu schützen. Diese Schutzpflicht verlangt von ihm, ein Schutzniveau zu schaffen, welches in der Lage ist, den Interessen der Menschen Rechnung zu tragen. Das strafrechtliche Tötungsverbot durch die §§ 211 ff. StGB folgt diesem Gebot und stellt die Sicherung der Höchstwerte Menschenwürde und Leben sicher. Davon ist auch das Verbot der Tötung auf Verlangen umfasst, da die Gefahren, die aus dem Missbrauch folgen, zu irreversiblen Rechtsgutverletzungen führen. Bei Härtefällen, bei denen dieses Verbot unverhältnismäßig ist, kann durch die Möglichkeit der Rechtfertigung des Arztes gemäß § 34 StGB eine Situation der Schutzlosstellung vermieden werden. Eine komplette Streichung des § 216 StGB wäre mit den Schutzpflichten des Staates nicht vereinbar. Ein verfassungsmäßiges Gebot der Legalisierung der aktiven Sterbehilfe existiert nicht, da die in Frage stehenden Rechtsgüter nicht derart verletzt sind, dass eine Rechtfertigung nicht möglich ist. Darüber hinaus besteht jedoch die Möglichkeit für den Gesetzgeber, unter Beachtung des Untermaßverbotes eine Ausnahmeregelung zu schaffen, die es erlaubt, in Fällen, bei denen ein Grundrechtsschutz auf andere Weise unangemessen scheint, die aktive Sterbehilfe zuzulassen.

Schlussbetrachtung

Die aktive Sterbehilfe ist eine Problematik, bei der der Gesetzgeber an seine Grenzen stößt. Es gestaltet sich schwierig, in einem so hochsensiblen und zutiefst intimen Bereich Regelungen zu schaffen, die dem Schutz der Menschenwürde gerecht werden. Der Staat ist verpflichtet, die Autonomie seiner Bürger zu achten und zu beschützen. Dies führt nicht selten zu Abwägungssituationen, bei denen im Randbereich Härtefälle entstehen, die der Gesetzgeber zu vermeiden hat, denen er aber nicht immer im Hinblick auf überragende Gemeinschaftsgüter gerecht werden kann. So hat er zum einen dafür Sorge zu tragen, dass der Einzelne in seiner privaten Lebensgestaltung frei ist, zum anderen, dass er nicht die Rechte anderer verletzt. Das vom Grundgesetz geforderte Schutzniveau muss besonders im Anbetracht der Hochrangigkeit der hier in Frage stehenden Rechtsgüter berücksichtigt werden. Dabei hat der Gesetzgeber insbesondere zu gewährleisten, dass die Menschenwürde als jedem Grundrecht innewohnendes Grundprinzip auch im Grenzbereich des Lebensendes zu achten und zu schützen ist. Das Recht auf Leben nimmt darüber hinaus die wichtigste Stellung im Grundgesetz ein. Es ist Anknüpfungspunkt und Voraussetzung aller übrigen Grundrechte. Fremdverfügungen sind vom Staat mit allen Mitteln zu verhindern. Die Selbstverfügung im Sinne der Selbsttötung wird jedoch ebenso wie das Recht auf Leben vom Grundgesetz geschützt. Ein Ausgleich zwischen diesem Spannungsverhältnis muss schonend und unter Beachtung des Übermaßverbotes erfolgen. Die Einschränkung, die der Gesetzgeber mit dem § 216 StGB vornimmt, stellt keine Verletzung dieses Übermaßverbotes dar. Vielmehr ist das Verbot der Tötung auf Verlangen im weiteren Sinne Bestandteil des gebotenen Lebensschutzes. Die aktive Sterbehilfe als Tötung auf Verlangen im engeren Sinne ist *de lege lata* vom Verbot umfasst, dieses Verbot kann jedoch *de lege ferenda* aufgehoben werden.

Ob der Gesetzgeber schlussendlich eine Regelung für die Einführung der aktiven Sterbehilfe trifft, ist eine politische Entscheidung. Im Hinblick auf die verhältnismäßig geringe Zahl der Härtefälle, tendiert, unabhängig von der verfassungsrechtlichen Zulässigkeit, die Abwägung jedoch in Richtung der bisherigen Rechtslage.

Literaturverzeichnis

Antoine, Jörg: Aktive Sterbehilfe in der Grundrechtsordnung, Berlin 2004.

Binding, Karl Lorenz/Hoche, Alfred Erich: Die Freigabe der Vernichtung lebensunwerten Lebens. Ihr Maß und ihre Form, Leipzig 1920. (zit.: *Binding/Hoche*)

Birkner, Stefan: Assistierter Suizid und aktive Sterbehilfe – Gesetzgeberischer Handlungsbedarf?, ZRP 2006, S. 52-54.

Böckenförde, Ernst-Wolfgang: Menschenwürde als normatives Prinzip. Die Grundrechte in der bioethischen Debatte, JZ 2003, S. 809-815.

Czerner, Frank: Aktive Sterbehilfe auch gegenüber Kindern? Zur Übertragbarkeit der aktuellen Diskussion in den Niederlanden auf die Bundesrepublik Deutschland unter verfassungsrechtlichen Gesichtspunkten: MedR 2001, S. 354-360.

Denninger, Erhard/Schneider, Hans-Peter/Hoffmann-Riem, Wolfgang/Stein, Ekkehart/Wassermann, Rudolf: Kommentar zum Grundgesetz für die Bundesrepublik Deutschland, 3. Auflage, Neuwied Kriftel 2001. (zit.: *Bearbeiter*, in AK-GG)

Di Fabio, Udo: Grundrechte als Wertordnung, JZ 2004, S. 1-8.

Dölling, Dieter: Suizid und unterlassene Hilfeleistung, NJW 1986, S. 1011-1017.

Dreher, Eduard/Tröndle, Herbert: Strafgesetzbuch und Nebengesetze, 51. Auflage, München 2003. (zit.: *Dreher/Tröndle*, StGB)

Dreier, Horst: Grundgesetz Kommentar, 2. Auflage, Band 1, Tübingen 2004. (zit.: *Bearbeiter*, in Dreier)

Epping, Volker: Grundrecht, 2. Auflage, Berlin Heidelberg 2004. (zit.: *Epping*, Grundrechte)

Eser, Albin: Freiheit zum Sterben – Kein Recht auf Tötung, JZ 1986, S. 786-795.

Finger, Catrin: Evaluation der Praxis der aktiven Sterbehilfe und der Hilfe bei der Selbsttötung in den Niederlanden für das Jahr 2001, MedR 2004, S. 379-382.

Friauf, Karl Heinrich/Höfling, Wolfram: Berliner Kommentar zum Grundgesetz, (17. Lfg.), Köln, Stand August 2006. (zit.: *Bearbeiter*, in Friauf/Höfling)

Giesen, Dieter: Ethische und rechtliche Probleme am Ende des Lebens, JZ 1990, 929-942.

Götz, Volkmar:Grundpflichten als verfassungsrechtliche Dimension, in VVDStRL, Heft 41, S. 7-37, Berlin New York 1983.

Hamann, Andreas/Lenz, Helmut: Das Grundgesetz für die Bundesrepublik Deutschland vom 23. Mai 1949, 3. Auflage, Neuwied und Berlin 1970. (zit.: *Hamann/Lenz*, Das Grundgesetz)

Heinrich, Christina: Das Locked-in-Syndrom Schwierigkeiten und Chancen einer interdisziplinären Behandlung unter besonderer Berücksichtigung psychologischer Interventionsmöglichkeiten, Bamberg 2004. (zit.: *Heinrich*, Das Locked-in-Syndrom)

Herzberg, Rolf Dietrich: Der Fall Hackethal: Strafbare Tötung auf Verlangen?, NJW 1986, S. 1635-1644.

Heun, Werner/Honecker, Martin/Morlok, Martin/Wieland, Joachim: Evangelisches Staatslexikon, Stuttgart.

Hoerster, Norbert: Rechtsethische Überlegungen zur Freigabe der Sterbehilfe, NJW 1986, S. 1786-1792.

Hoerster, Norbert: Warum keine aktive Sterbehilfe?, ZRP 1988, S. 1-4.

Höfling, Wolfram: Forum: „Sterbehilfe" zwischen Selbstbestimmung und Integritätsschutz, JuS 2000, S. 111-118.

Höfling, Wolfram: Die Unantastbarkeit der Menschenwürde – Annäherungen an einen schwierigen Verfassungssatz, JuS 1995, S. 857-862.

Hofmann, Hasso:Grundpflichten als verfassungsrechtliche Dimension, in VVDStRL, Heft 41, S. 42-83, Berlin New York 1983.

Hollenbach, Axel: Grundrechtsschutz im Arzt-Patienten-Verhältnis. Eine Untersuchung zur Umsetzung verfassungsrechtlicher Vorgaben im einfachen Recht, Konstanz 2002. (zit.: *Hollenbach*, Grundrechtsschutz im Arzt-Patienten-Verhältnis)

Holzhauer, Heinz: Von Verfassungs wegen: Straffreiheit für passive Sterbehilfe, ZRP 2004, S. 41-44.

Hufen, Friedhelm: Erosion der Menschenwürde, JZ 2004, 313-318.

Hufen, Friedhelm: In dubio pro dignitate – Selbstbestimmung und Grundrechtsschutz am Ende des Lebens, NJW 2001, S. 849-857.

Isensee, Josef/Kirchhof, Paul: Handbuch des Staatsrechts der Bundesrepublik Deutschland, Band VI Freiheitsrechte, Heidelberg 1989, § 128 (S. 3-39). (zit.: *Bearbeiter,* Hdb. StR VI)

Jähnke, Burkhard/Laufhütte, Wilhelm Heinrich/Odersky, Walter: Strafgesetzbuch, Leipziger Kommentar, 11. Auflage, Berlin 2005. (zit.: *Bearbeiter*, in Jähnke/Laufhütte/Odersky, StGB)

Jarass, Hans D. / Pieroth, Bodo: Grundgesetz für die Bundesrepublik Deutschland, 7. Auflage, München 2004. (zit.: *Jarass*, in Jarass/Pieroth)

Jochemsen, H.: Sterbehilfe in den Niederlanden: Medizinische und politische Entwicklungen; DRiZ 2005, S. 255-256.

Khorrami, Katharina: Die „Euthanasie-Gesetze" im Vergleich. Eine Darstellung der aktuellen Rechtslage in den Niederlanden und in Belgien, MedR 2003, S. 19-25.

Knopp, Lothar: Aktive Sterbehilfe – Europäische Entwicklungen und „Selbstbestimmungsrecht" des Patienten aus verfassungsrechtlicher Sicht, MedR 2003, S. 379-387.

Kusch, Roger: Tabu Sterbehilfe, NJW 2006, S. 261-264.

Kutzer, Klaus: Probleme der Sterbehilfe – Entwicklung und Stand der Diskussion, FPR 2004, S. 683-689.

Kutzer, Klaus: Sterbehilfe –rechtlich ethische Aspekte, DRiZ 2005, S. 257-261.

Landau, Herbert: „Heiligkeit des Lebens und Selbstbestimmung in Sterben", ZRP 2005, S. 50-54.

Lindner, Josef Franz: Grundrechtsfragen aktiver Sterbehilfe, JZ 2006, S. 373-383.

Lüderssen, Klaus: Aktive Sterbehilfe – Rechte und Pflichten, JZ 2006, S. 689-695.

Maasberg, Michael: Möglichkeiten und Grenzen in der Palliativmedizin, DRiZ 2005, S. 268-269.

Maunz, Theodor / Dürig, Günther / Herzog, Roman / Scholz, Rupert / Herdegen, Matthias / Klein, Hans H.: Grundgesetz Kommentar, (46. Lfg.), München, Stand März 2006. (zit.: *Bearbeiter*, in Maunz/Dürig/Herzog)

Merkel, Reinhard: Ärztliche Entscheidungen über Leben und Tod in der Neonatalmedizin. Ethische und strafrechtliche Probleme, JZ 1996, S. 1145-1155.

Merten, Detlef:Der Grundrechtsverzicht, in: Hans-Detlef Horn, Festschrift für Walter Schmitt Glaeser zum 70. Geburtstag, !!!, S. 53-73. (zit.: *Merten*, in FS Glaeser)

Model, Otto/ Müller, Klaus: Grundgesetz für die Bundesrepublik Deutschland. Taschenkommentar für Studium und Praxis, 11. Auflage, 1996 Köln Bonn Berlin München. (zit.: *Model/Müller*, GG)

Oduncu, Fuat S.: Ärztliche Sterbehilfe im Spannungsfeld von Medizin, Ethik und Recht. Teil 1: Medizinische und rechtliche Aspekte, MedR 2005, S. 437-445.

Oduncu, Fuat S.: Ärztliche Sterbehilfe im Spannungsfeld von Medizin, Ethik und Recht. Teil 2: Palliativmedizinische und medizinische Aspekte, MedR 2005, S. 516-524.

Oduncu, Fuat S./Eisenmenger, Wolfgang: Euthanasie – Sterbehilfe – Sterbebegleitung, MedR 2002, S. 327-337.

Otto, Harro: Patientenautonomie und Strafrecht bei der Sterbebegleitung, NJW 2006, S. 2217-2222.

Pieroth, Bodo/Schlink, Bernhard: Staatsrecht II Grundrechte, 18 und 21. Auflage, München 2006. (zit.: *Pieroth/Schlink*, Grundrechte Staatsrecht 2 (Aufl.)

Poscher, Ralf: „Die Würde des Menschen ist unantastbar", JZ 2004, S. 756-762.

Reich, Andreas: Magdeburger Kommentar zum Grundgesetz, Magdeburg 1998. (zit.: *Reich*, in GG)

Rixen, Stephan: Lebensschutz am Lebensende. Das Grundrecht auf Leben und die Hirntodkonzeption. Zugleich ein Beitrag zur Autonomie rechtlicher Begriffsbildung, Berlin 1999. (zit.: *Rixen*, Lebensschutz am Lebensende)

Sachs, Michael: Grundgesetz Kommentar, 3. Auflage, München 2003. (zit.: *Bearbeiter*, in Sachs)

Schmidt-Bleibtreu, Bruno/Klein, Franz: Kommentar zum Grundgesetz, 9. Auflage, Neuwied Kriftel 1999. (zit.: *Bearbeiter*, in Schmidt-Bleibtreu/Klein)

Schobert, Kurt F.: Verunsicherung auch bei Gerichten und Richtern: Was kann getan werden?, DRiZ 2005, S. 266-267.

Schöch, Heinz/Verrel, Torsten: Alternativ-Entwurf Sterbebegleitung (AE-StB), GA 2005, S. 553-586.

Schönke, Adolf/Schröder, Horst/Cramer, Peter: Strafgesetzbuch Kommentar, 27. Auflage, München 2006. (zit.: *Bearbeiter*, in S/S, StGB)

Schönke, Adolf/Schröder, Horst/Cramer, Peter: Staatslexikon. Recht Wirtschaft Gesellschaft, 7. Auflage, Band 5, Freiburg Basel Wien. (zit.: Staatslexikon, Stichwort)

Singer, Peter: Praktische Ethik, Stuttgart 1994. (zit.: *Singer*)

Stern, Klaus: Das Staatsrecht der Bundesrepublik Deutschland, Allgemeine Lehren der Grundrechte, Band III/1, München 1988. (zit.: *Stern*, Staatsrecht III/1)

Stern, Klaus: Das Staatsrecht der Bundesrepublik Deutschland, Allgemeine Lehren der Grundrechte, Band III/2, München 1994. (zit.: *Stern*, Staatsrecht III/2)

Tröndle, Herbert/Fischer, Thomas: Strafgesetzbuch und Nebengesetze, 51. Auflage, München 2003. (zit.: *Tröndle/Fischer*, StGB)

Uhlenbruck, Wilhelm: Recht auf den eigenen Tod? Strafrecht im Spannungsverhältnis zwischen Lebenserhaltungspflicht und Selbstbestimmung, ZRP 1986, S. 209-217.

Umbach, Dieter C./Clemens, Thomas: Grundgesetz Mitarbeiterkommentar und Handbuch, Band I, Heidelberg 2002. (zit.: *Wiedemann*, in GG Mitarbeiterkommentar und Handbuch)

v. Mangoldt, Hermann/Klein, Friedrich/Starck, Christian: Das Bonner Grundgesetz, 4. Auflage, München 1999. (zit.: *Bearbeiter*, in v. Mangoldt/Klein/Starck)

v. Münch, Ingo/Kunig, Philip: Grundgesetz-Kommentar, 5. Auflage, München 2000. (zit.: *Bearbeiter*, in v. Münch/Kunig)

Wessels, Johannes/Hettinger, Michael:Strafrecht Besonderer Teil/1. Straftaten gegen Persönlichkeits- und Gemeinschaftswerte, 28. Auflage, Heidelberg 2004. (zit.: *Wessels/Hettinger*, StrafR BT 1)

Wilms, Heiner/Jäger, York: Menschenwürde und Tötung auf Verlangen, ZRP 1988, S. 41-46.

Zippelius, Reinhold/Würtenberger, Thomas: Deutsches Staatsrecht. Ein Studienbuch, 31. Auflage, München 2005. (zit.: *Zippelius/Würtenberger*, Deutsches Staatsrecht)

Simon Rietberg (2011): Gibt es ein Recht auf den Tod? Die Sterbehilfedebatte in Europa aus menschenrechtlicher Perspektive

Einleitung

Kaum ein Thema hat in den letzten Jahren so viele Kontroversen in Europa aufgeworfen wie die Sterbehilfe. Sollte man sie weitgehend legalisieren? Wenn ja, in welcher Form und unter welchen Bedingungen? Bietet sich vielleicht ein Mittelweg an, passive Sterbehilfe ja, aktive nein? Oder verbietet sich jegliche Form von Sterbehilfe aufgrund ethischer Bedenken, der Gefahr von Missbrauch und drohenden Entscheidungen, die nicht im Sinne des Patienten getroffen werden? Diese und viele weitere Fragen wurden in den letzten Jahren immer und immer wieder diskutiert. Zu einem alle Seiten befriedigenden Schluss ist man bisher in den seltensten Fällen gekommen – wie auch, ist doch die Gesetzeslage in vielen europäischen Ländern weiter uneindeutig und lässt verschiedene Interpretationen zu.

Genau diesen juristischen Aspekt möchte die vorliegende Arbeit nun genauer beleuchten. Dabei steht allerdings nicht die nationale Gesetzeslage im Vordergrund. Vielmehr soll die Debatte über die Sterbehilfe aus menschenrechtlicher Perspektive genauer betrachtet werden – ein Thema, das bei all den Debatten über die nationale Gesetzgebung bisher häufig außen vor gelassen wurde. Im Fokus der Betrachtung steht hierbei insbesondere die Europäische Menschenrechtskonvention (EMRK). Anhand dieser, aber auch anhand des Internationalen Paktes für Bürgerliche und Politische Rechte (IPBPR) – im Grunde genommen die einzigen beiden verbindlichen Menschenrechtsquellen, die zum Thema Sterbehilfe in Europa herangezogen werden können – soll überprüft werden, was die Menschenrechte in Europa zum Thema zu sagen haben. Kann man aus diesen ein Anrecht auf Sterbehilfe ableiten? Wenn ja, mit welcher Begründung? Wie steht es dabei um das Selbstbestimmungsrecht eines jeden Menschen – eines der grundlegendsten Menschenrechte überhaupt? Und welche Rolle spielt die Pflicht des Staates, Leben zu schützen?

Die vorliegende Arbeit vertritt die Ansicht, dass aus menschenrechtlicher Perspektive aufgrund der sterbehilfespezifischen Widersprüchlichkeit der EMRK keine eindeutige Antwort auf die Frage, ob ein Anrecht auf Sterbehilfe besteht oder nicht, gegeben werden kann. Diese These soll im Folgenden genauer untersucht werden. Beginnend mit einer kurzen Definition von Sterbehilfe, die den Leser über die verschiedenen Unterformen aufklären soll, und einem Überblick über die rechtliche Lage in Europa, wendet sich die Arbeit dann den menschenrechtlichen Aspekten zu. Dabei wird zuerst eine Übersicht über die für die Sterbehilfe relevanten Menschenrechtsartikel gegeben.

Anschließend werden Fälle von Sterbehilfe dargestellt, die bereits vor dem Europäischen Gerichtshof für Menschenrechte verhandelt wurden. Zum Schluss werden in einer Zusammenfassung die Ergebnisse dieser Arbeit resümiert. Dabei soll abschließend auch die oben aufgeführte These überprüft werden.

Sterbehilfe – was ist das eigentlich?

Sterbehilfe ist nicht einheitlich definiert. Es bestehen verschiedene Definitionen, die jedoch von mehreren gemeinsamen Leitideen geeint werden: neben der Tatsache, dass sie sich alle auf Handlungen, „die den Tod herbeiführen bzw. das Leben beenden", beziehen, setzen die meisten Definitionen ein unumkehrbares körperliches Leiden voraus, das über kurz oder lang für den Leidenden den Tod zur Folge haben wird. Dazu zählen sowohl Erkrankungen und durch Unfall oder äußere Gewalt verursachte Leiden als auch Geburtsleiden. Man spricht häufig von „Schwerstkranken" oder „terminal Erkrankten", was sowohl auf die Einschränkung der Lebensfunktionen als auch auf die verkürzte Lebensdauer hinweist. Die Einschätzung, ob ein Patient als „schwerstkrank" bezeichnet werden kann, obliegt dem Arzt (vgl. Fischer 2008, 70f.; Zitat: ebenda[436]).

Unterformen der Sterbehilfe

Im Folgenden findet sich eine kurze Übersicht (basierend auf Fischer 2008, 71f.; Schumann 2006, 32ff; sterbehilfe-info) über die Unterformen der Sterbehilfe. Auf die Kontroverse hinsichtlich der unterschiedlichen Definitionen zum Thema kann hier jedoch nur am Rande eingegangen werden.

Direkte/aktive Sterbehilfe[437]

Von aktiver Sterbehilfe spricht man, wenn eine Person einem Patienten auf dessen Wunsch hin ein tödliches Medikament (beispielsweise eine hohe Dosis Morphium) verabreicht. Durch die Medikation wird ein neuer Kausalvorgang geschaffen, der den Tod zur Folge hat.

Indirekte Sterbehilfe

Von indirekter Sterbehilfe ist die Rede, wenn der Tod des terminal erkrankten Patienten nicht beabsichtigt, sondern nur billigend in Kauf genommen wird.

---

[436] Die Zitierweise dieser Arbeit orientiert sich am Chicago Manual of Style, vgl. dazu: http://www.chicagomanualofstyle.org/tools_citationguide.html.
[437] Die Begriffe „aktiv"/„passiv" und „direkt"/„indirekt" sind dabei als Gegensatzpaare zu betrachten. Das erste Begriffspaar betont die Handlung, das zweite die Absicht des Sterbehilfeleistenden (vgl. Fischer 2008, 72).

Dies liegt beispielsweise vor, wenn ein Arzt einem schwerstkranken Patienten, der unter starken, schwer zu kontrollierenden Schmerzen leidet, eine hohe Dosis Morphium verabreicht, um dessen Schmerzen zu bekämpfen und dabei in Kauf nimmt, dass dadurch die Lebensdauer des Patienten reduziert werden könnte. Manche Quellen sprechen auch bei der indirekten Sterbehilfe von einer Unterkategorie der aktiven Sterbehilfe, da die Tötung zwar indirekt, jedoch dennoch „aktiv" erfolgt (neuer Kausalvorgang). Diese Einordnung ist allerdings umstritten, da der Tod des Patienten bei der Behandlung nicht beabsichtigt ist (man also nicht von Sterbehilfe im herkömmlichen Sinne sprechen kann) und allgemein betrachtet palliativmedizinische Maßnahmen den Lebensabschnitt kurz vor dem Tode eher verlängern.

Passive Sterbehilfe

Bei der passiven Sterbehilfe hingegen wird kein Medikament verabreicht. Es wird vielmehr auf die Fortführung von lebenserhaltenden Maßnahmen verzichtet, beispielsweise durch den Abbruch der künstlichen Nahrungs-, Wasser- oder Sauerstoffzufuhr oder der Dialyse. Im Gegensatz zur aktiven Sterbehilfe wird dabei kein neuer Kausalvorgang geschaffen. Der Tod erfolgt aufgrund des Leidens bzw. der Erkrankung und nicht durch ein Medikament.

Suizidbeihilfe

Von Suizidbeihilfe wiederum spricht man, wenn einem Patienten ein tödliches Mittel nur zur Verfügung gestellt, nicht jedoch verabreicht wird. Dabei ist der Patient in der Lage, sich eigenständig das Leben zu nehmen. Bei dieser Definition herrscht jedoch ebenfalls Uneinigkeit, da manche Quellen diese Maßnahme ebenfalls zur aktiven Sterbehilfe zählen.

Rechtliche Situation in ausgewählten europäischen Staaten

Aktive Sterbehilfe, die nicht auf dem Einverständnis des Patienten beruht, fällt unter Mord und ist daher verboten. Wenn jedoch eine Einwilligung des Patienten vorliegt, sieht die Situation je nach Land teilweise sehr unterschiedlich aus. Im Folgenden wird ein kurzer Überblick über die rechtliche Situation in drei Staaten gegeben: Die Niederlande, Deutschland und Italien. Diese Länder wurden bewusst ausgewählt, da diese drei exemplarisch für drei unterschiedliche Gesetzgebungen zum Thema Sterbehilfe stehen: die Niederlande, in der selbst aktive Sterbehilfe gesetzlich erlaubt ist; Deutschland, das aktive Sterbehilfe verbietet, passive und indirekte aber zulässt; und Italien, das zumindest theoretisch alle drei Formen unter Strafe stellt. Dabei soll lediglich der rechtliche Rahmen beleuchtet werden. Die Kontroverse, die in diesen Ländern themenbezogen stattfindet, kann hier aus Kapazitätsgründen nicht weiter erörtert werden. Eine Übersicht über die rechtliche Situation in anderen europäischen Ländern rundet das Kapitel schließlich ab.

Niederlande

Die Niederlande gelten als Paradebeispiel für die Legalisierung von Sterbehilfe. Zwar ist die Beihilfe zum Selbstmord strafbar und auch die Tötung auf Verlangen grundsätzlich ebenfalls verboten. Ausgenommen von diesen beiden Verboten sind jedoch Ärzte. Unter bestimmten Umständen ist es diesen nämlich gestattet, auch aktive Sterbehilfe zu leisten. Bedingung dafür ist u.a., dass die Entscheidung dem freien Willen des Patienten entspricht und dass dessen Zustand aussichtslos ist. Wenn der freie Wille nicht mehr feststellbar ist, kann auf eine Patientenverfügung zurückgegriffen werden. Bei minderjährigen Patienten, die noch bewusst eine Willenserklärung abgeben können, muss/müssen der/die Erziehungsberechtigte(n) in die Entscheidungsfindung miteinbezogen werden bzw. ihr Einverständnis zur Tötung auf Verlangen oder zur Hilfe zur Selbsttötung abgeben (Jetter 2004, 172f.).

Indirekte und passive Sterbehilfe sind in den Niederlanden ebenfalls legal. Sie werden juristisch dem natürlichen Sterbevorgang gleichgesetzt (Schell 2002, 41).

Deutschland

In Deutschland ist aus juristischer Perspektive vor allem relevant, ob der behandelnde Arzt durch seine Behandlung den Tod des Patienten aktiv herbeigeführt hat oder ob er diesen lediglich durch Unterlassen bestimmter Maßnahmen nicht verhindert hat (Schumann 2006, 31). Die aktive Sterbehilfe ist in Deutschland ausnahmslos verboten (sterbehilfe-info). Nicht strafbar ist jedoch die indirekte Sterbehilfe, wenn der Tod unmittelbar bevorsteht, die Gabe von Schmerzmitteln ärztlich erforderlich ist und diese im Einklang mit dem (mutmaßlichen) Willen des zu behandelnden Patienten erfolgt (Schumann 2006, 32). Auch die Beihilfe zur Selbsttötung wird im Gegensatz zu den Niederlanden in Deutschland nicht juristisch verfolgt (sterbehilfe-info). Passive Sterbehilfe ist ebenfalls erlaubt (Schell 2004, 41). Bei dieser ergeben sich drei verschiedene Szenarien:

Szenario 1: Der Patient ist noch bei Bewusstsein und wünscht ausdrücklich die Einstellung lebenserhaltender Maßnahmen. Dabei ist weder die medizinische Notwendigkeit noch die Frage, ob der Sterbevorgang bereits eingesetzt hat, relevant. In diesem Fall zählt allein der Wille des Patienten (Schumann 2006, 32ff.).

Szenario 2: Der Patient ist nicht mehr bei Bewusstsein. In diesem Fall tritt die Patientenverfügung an die Stelle der direkten Willensäußerung (sterbehilfeinfo). Insbesondere seit einer Gesetzesänderung 2009 ist die Patientenverfügung rechtlich bindend (Landesarbeitsgemeinschaft Hospiz BW 2009).

Szenario 3: Der Patient ist nicht mehr bei Bewusstsein, eine Patientenverfügung liegt ebenfalls nicht vor. Bei dieser Konstellation wird die Entscheidung über die Einstellung von lebensverlängernden Maßnahmen vom Vorsorgebevollmächtigten bzw. vom gerichtlich bestellten Betreuer, falls keine Vollmacht ausgestellt wurde, gefällt (sterbehilfe-info).

Italien

In Italien wiederum ist die aktive Sterbehilfe verboten. Jegliche Beschleunigung des natürlichen Sterbevorgangs entspricht einer Straftat (Galligani 2005, 114). Auch die Beihilfe zum Selbstmord ist strafbar (Italienisches Strafgesetzbuch, Artikel 579 und 580). Passive Sterbehilfe ist in Italien ebenfalls verboten, die Gesetzeslage ist dabei jedoch unscharf (Die Welt 2008). Patienten haben beispielsweise das Recht, eine Behandlung zu verweigern. Eine Patientenverfügung, die in Deutschland bindend ist, ist für den behandelnden Arzt jedoch keinesfalls verpflichtend (Focus 2009). Trotz juristischer Unklarheiten wurde passive Sterbehilfe bereits praktiziert, so u.a. auch im Falle von Piergiorgio Welby († 2006) und Eluana Englaro († 2009), die sich beide bei Bewusstsein gegen lebenserhaltende Maßnahmen ausgesprochen hatten (Patientenverfuegung.de; Focus 2009). Auch die indirekte Sterbhilfe findet in Italien Anwendungen, ist aber ebenfalls nicht eindeutig geregelt (Schell 2002, 41).

Weitere europäische Länder im Überblick

Land	Aktive Sterbehilfe	Indirekte Sterbehilfe	Passive Sterbehilfe	Suizidbeihilfe
Belgien	Seit 2002 legal[438]	Erlaubt	Erlaubt	Erlaubt
Frankreich	Strafbar, mit Mord gleichgesetzt	Erlaubt	Erlaubt	Strafbar
Griechenland	Strafbar, mit Mord gleichgesetzt	Strafbar	Strafbar	Strafbar
Großbritannien	Strafbar	Erlaubt	Erlaubt	Strafbar
Österreich	Strafbar	Straffrei	Erlaubt	Strafbar
Polen	Strafbar	Strafbar	Strafbar	Strafbar
Schweden	Strafbar	Wird angewandt; rechtlich unklar	Erlaubt	Strafbar
Schweiz	Strafbar	Erlaubt	Erlaubt	Erlaubt
Spanien	Strafbar	Straffrei; rechtlich unklar	Erlaubt	Strafbar

Quelle: Schell 2002, 41; Aktualisierung basierend auf: Deutsches Referenzzentrum für Ethik in den Biowissenschaften, Die Welt 2008, Fuchs 2006, Spanisches Strafgesetzbuch, Artikel 143, Universimed 2010. **Alle Angaben ohne Gewähr.**

---

[438] Die unterschiedlichen Bedingungen, an die die Legalität bzw. Strafbarkeit der jeweiligen Form von Sterbehilfe gekoppelt sind, können hier aus Platzgründen nicht weiter geschildert werden.

Fazit

Die rechtliche Lage hinsichtlich der Sterbehilfe variiert von Land zu Land. Während sich Belgien und die Niederlande beim Thema Sterbehilfe relativ liberal geben – was dort zu einer bedingten Legalisierung der aktiven Sterbehilfe geführt hat –, bleibt diese in den anderen europäischen Ländern weiterhin verboten. Was die passive und indirekte Sterbehilfe angeht, gibt es ebenfalls Differenzen, obwohl beide trotz eines oft unzureichenden gesetzlichen Rahmens in einigen Ländern mittlerweile Realität sind. Uneinigkeit herrscht auch bei der Frage nach der Legalisierung von Suizidbeihilfe. Nur einige wenige Länder erlauben die Suizidbeihilfe, die von manchen Theoretikern auch zur aktiven Sterbehilfe gerechnet wird – darunter neben den Beneluxländern auch Deutschland. In vielen Ländern wird jedoch eine rege Debatte zum Thema Sterbehilfe geführt, die in absehbarer Zeit sicherlich zu der ein oder anderen Gesetzesänderung in Europa führen dürfte.

Menschenrechtliche Aspekte

Menschenrechtlicher Rahmen

Im nun folgenden Kapitel soll der menschenrechtliche Blickwinkel in den Mittelpunkt gestellt werden. Dabei sind als einzig bindende und themenrelevante Menschenrechtsverträge die Europäische Menschenrechtskonvention (EMRK) und in Ansätzen auch der Internationale Pakt für Bürgerliche und Politische Rechte (IPBPR) zu nennen. Im Folgenden werden verschiedene Artikel, die für und gegen ein Anrecht auf Sterbehilfe[439] sprechen, vorgestellt. Diese Gegenüberstellung wird abschließend in einem Fazit zusammengefasst.

Pro Sterbehilfe

Der wichtigste Artikel der EMRK, der häufig herangezogen wird, um Sterbehilfe als Anrecht eines jeden Menschen zu deklarieren, ist **Artikel 8 Absatz 1**. Dieser besagt:

> Jede Person hat das Recht auf Achtung ihres **Privat- und Familienlebens**[440], ihrer Wohnung und ihrer Korrespondenz.

An diesem ersten Absatz lässt sich das so genannte „Selbstbestimmungsrecht" festmachen, auf das sich die meisten Befürworter von Sterbehilfe beziehen und das es dem Staat verbietet, sich in die privaten Angelegenheiten seiner Bürger einzumischen. Laut Befürwortern gehört auch die Sterbehilfe zur Privatsphäre. Zumindest ließe sich damit die Verbindlichkeit von Patientenverfügungen begründen, denn **Artikel 8 Absatz 1** beinhaltet auch das Recht, die Behandlung durch einen Arzt abzulehnen (Gollwitzer 2005, 462).

Umstritten ist, ob man sich bei Sterbehilfe auch auf **Artikel 14** berufen könnte. Dieser lautet:

> Der Genuß (sic!) der in dieser Konvention anerkannten Rechte und Freiheiten ist ohne Diskriminierung insbesondere wegen des Geschlechts, der Rasse, der Hautfarbe, der Sprache, der Religion, der politischen oder sonstigen Anschauung, der nationalen oder sozialen Herkunft, der Zugehörigkeit zu einer nationalen

---

[439] Die Art und Weise der Sterbehilfe (ob aktiv, indirekt oder passiv, etc.) sei dabei zweitrangig. Es geht bei der Untersuchung lediglich um die Frage, ob jeder Mensch im Einzugsbereich der EMRK ein Anrecht auf Sterbehilfe an sich hat oder nicht.

[440] Hervorhebungen innerhalb von Zitaten erfolgten durch den Autor dieser Arbeit.

Minderheit, **des Vermögens**, der Geburt oder eines sonstigen Status zu gewährleisten.

Dabei wird argumentiert, dass die Person, die um Sterbehilfe bittet, häufig nicht mehr in der Lage ist, sich selbst das Leben zu nehmen, worin eine Diskriminierung bestehe, da „gesunde" Menschen jederzeit selbst über ihr Leben und ihren Körper bestimmen könnten.

Schließlich sei in diesem Zusammenhang auch auf **Artikel 3** hingewiesen, der ebenfalls in gewisser Hinsicht Relevanz für die Sterbehilfedebatte haben könnte. Dieser lautet wie folgt:

> Niemand darf der Folter oder **unmenschlicher** oder erniedrigender Strafe oder **Behandlung** unterworfen werden.

Anwendung finden könnte dieser Artikel beispielsweise, wenn dem Patienten ohne aktive Sterbehilfe ein qualvoller Tod drohen würde, der laut Sterbehilfebefürwortern wiederum als unmenschliche Behandlung gegen **Artikel 3** verstößt.

Contra Sterbehilfe

Das wichtigste Argument, das von Kritikern der Sterbehilfe ins Feld geführt wird, ist **Artikel 2** der EMRK. Dieser spricht vom sogenannten „Recht auf Leben":

> **Das Recht jedes Menschen auf Leben** wird gesetzlich geschützt. Niemand darf absichtlich getötet werden […].

Der IPBPR enthält dieses Element ebenfalls. **Artikel 6 Absatz 1** lautet hierbei:

> **Jeder Mensch hat ein angeborenes Recht auf Leben.** Dieses Recht ist gesetzlich zu schützen. Niemand darf willkürlich seines Lebens beraubt werden.

Diese beiden Artikel werden häufig herangezogen, um Sterbehilfe als Widerspruch gegen fundamentale Menschenrechte auszulegen. Der Staat müsse jegliches Leben schützen und könne daher keine Sterbehilfe gewähren, denn damit würde er gegen eben diese Artikel verstoßen. Dabei ist jedoch darauf hinzuweisen, dass damit nicht der Selbstmord an sich verboten ist. Dieser wird durch **Artikel 2** nicht belangt und ist daher nach der EMRK auch nicht strafbar (Gollwitzer 2005, 462).

Auch auf **Artikel 8 Absatz 2** sei bei der Sterbehilfedebatte hingewiesen. Dieser besagt:

> Eine Behörde darf in die Ausübung dieses Rechts nur eingreifen, soweit der Eingriff gesetzlich vorgesehen und in einer demokratischen Gesellschaft notwendig ist für die **nationale oder öffentliche Sicherheit,** für das wirtschaftliche Wohl des Landes, zur Aufrechterhaltung der Ordnung, **zur Verhütung von Straftaten, zum Schutz der Gesundheit oder der Moral** oder **zum Schutz der Rechte und Freiheiten anderer.**

Unter bestimmten Umständen ist es dem Staat also gestattet, in das Privatleben seiner Bürger einzugreifen, beispielsweise wenn Gefahr für die Sicherheit der Bevölkerung besteht. Damit wird **Artikel 8 Absatz 1** relativiert. Aus diesem Grund wird dieser Absatz herangezogen, wenn es darum geht, gegen Sterbehilfe zu argumentieren. Das Verfügbarmachen von Maßnahmen wie Sterbehilfe und die damit verbundenen Aspekte würde dem Missbrauch Tor und Tür öffnen. Da die Sicherheit und Gesundheit der Bürger eines Staates gewahrt werden müssten, dürfe Sterbehilfe daher nicht zugelassen werden.

Fazit

Verschiedene Artikel ein und derselben Konvention stehen also einander gegenüber. Auf der einen Seite **Artikel 2** (bzw. **Artikel 6** der IPBPR) und **Artikel 8 Absatz 2** der EMRK. Auf der anderen Seite die **Artikel 3, 8 Absatz 1** und **14**. Dies führt dazu, dass es auf menschenrechtlicher Ebene schwierig ist, eine eindeutige Entscheidung zu treffen, ohne weder den einen noch den anderen Artikel in bestimmter Hinsicht zu verletzen. Auch wenn einige Artikel sich nur bedingt auf den Fall der Sterbehilfe anwenden lassen (z.B. **Artikel 3** und **14**), führte die unklare rechtliche Situation zu mehreren Klagen vor dem Europäischen Gerichtshof für Menschenrechte (EGMR), die nun genauer beleuchtet werden sollen.

Konkrete Fälle

An dieser Stelle soll anhand von Fällen, die vor dem EGMR verhandelt wurden, deutlich gemacht werden, wie Menschenrechte beim Thema Sterbehilfe ausgelegt werden. Die Fälle mögen alle von eher geringer Bekanntheit sein, zeigen jedoch sehr gut die Problematik auf, die gerade aus menschenrechtlicher Perspektive bei der Sterbehilfe relevant ist. Fälle mit eher nationaler Tragweite, auch wenn diese im Ausland publik wurden, werden bewusst nicht behandelt, da diese nicht vor dem EGMR verhandelt wurden und in den meisten Fällen eher auf der nationalen Gesetzgebung als auf europaweit geltenden Menschenrechten fußten.

Im Folgenden werden drei Fälle ausführlich dargestellt, wobei insbesondere die unterschiedliche Interpretation der verschiedenen Artikel der EMRK in den Fokus gerückt werden soll. In einem abschließenden Fazit werden die Erkenntnisse dann zusammengefasst.

Der Fall Diane Pretty

Diane Pretty, englische Staatsangehörige, litt aufgrund einer Nervenkrankheit halsabwärts unter Lähmungen und war daher vollständig auf die Hilfe Dritter angewiesen. Ihr Mann sollte ihr auf ihren eigenen Wunsch hin beim Sterben helfen. Sie wandte sich daher im November 2001 an ein britisches Gericht, um ihrem Gatten für diesen Fall Straffreiheit zusichern zu lassen. Dabei berief sich ihr Anwalt auf **Artikel 2** der EMRK. Er argumentierte, dass mit dem Recht auf Leben auch ein Recht auf Sterben verbunden sein müsse. Auch **Artikel 3**, das Diskriminierungsverbot, bezog er in seine Argumentation mit ein, da Pretty aufgrund ihres Leidens nicht in der Lage sei, alleine über ihren Tod zu bestimmen. Ferner verwies er auf **Artikel 8 Absatz 1,** das Selbstbestimmungsrecht, und **Artikel 9**, die Gedanken-, Gewissens- und Religionsfreiheit, da seine Mandantin das Recht haben müsse, über ihren eigenen Körper zu bestimmen bzw. ihre frei getroffene Gewissensentscheidung auch zu betätigen. Schließlich berief er sich auch auf **Artikel 14**, das Verbot unmenschlicher Behandlung, da seiner Mandantin ohne Sterbehilfe ein qualvoller Tod bestimmt sei. Die Klage wurde jedoch abgewiesen, u.a. mit der Begründung, dass in der EMRK nirgends die Rede sei von einem Recht auf Sterbehilfe. Zudem verwies das Gericht darauf, dass aktive Sterbehilfe im Vereinigten Königreich verboten ist (Brudermüller 2003, 225 f.).

Nachdem die Klage gescheitert war, wandte sich die Britin an den EGMR. Dieser schloss sich jedoch im April 2002 der Entscheidung des britischen Gerichts an. Die Ansicht, wonach aus **Artikel 2** ein Recht auf Sterben abgeleitet werden könne, wurde abgelehnt. Es wurde vielmehr darauf verwiesen, dass der Staat verpflichtet sei, Leben zu bewahren. Der Verweis auf **Artikel 3** wurde für ungültig erklärt, da die Behandlung das Leiden nicht verschlimmert oder gar hervorgerufen habe. **Artikel 8 Absatz 1** wurde ebenfalls abgelehnt. Zwar wollten die Richter keinesfalls diesen Absatz als irrelevant abtun:[441] „Der Gerichtshof ist nicht bereit auszuschließen, dass dies einen Eingriff in ihr Recht

---

[441] Im Original: „The Court is not prepared to exclude that this constitutes an interference with her right to respect for private life as guaranteed under **Article 8 § 1** of the Convention." (Übersetzung durch den Autor).

auf Privatsphäre darstellt, das ihr von **Artikel 8 Absatz 1** der Konvention garantiert wird." Dennoch verwies man darauf, dass der Schutz vor Missbrauch von Sterbehilfe (**Artikel 8 Absatz 2**) Vorrang habe. Auch **Artikel 9** konnte nicht aufrecht erhalten werden, da man damit nicht jede Durchführung einer Entscheidung legitimieren könne. Schließlich wurde **Artikel 14** unter dem Hinweis, dass ein Staat, der unterschiedlich situierte Menschen nicht unschiedlich behandelt, genau so gegen das Diskriminierungsverbot verstoße, ebenfalls entkräftigt. Als besonders verletzliche Person müsse Pretty den Schutz des Staates akzeptieren. (EGMR, Urt. v. 29.04.2002, Nr. 2346/02, Pretty/Vereinigtes Königreich; Zitat ebd.).

Der Fall Ernst Haas

Ernst Haas, ein seit Jahren unter einer schweren bipolaren Störung leidender Schweizer, hatte angegeben, aufgrund seiner Krankheit kein würdiges Leben mehr führen zu können. Nachdem ihm ein bestimmtes Präparat, von dem der Kläger sich einen sicheren und schmerzfreien Tod erwartete, wegen dessen Rezeptpflichtigkeit[442] auch juristisch verweigert worden war, rief Haas den EGMR an (Deutsches Ärzteblatt 2011).

Der Kläger berief sich bei seiner Klage auf **Artikel 8 Absatz 1**. Dabei vertrat er die Ansicht, dass das Medikament, das er nicht rezeptfrei erstehen konnte, der einzig mögliche Weg sei, um einen würdigen, sicheren, schnellen und schmerzfreien Tod herbeizuführen. Die Weigerung seitens des Staates, dieses Medikament rezeptfrei verfügbar zu machen, verstoße jedoch gegen **Artikel 8 Absatz 1**, da dieser dabei in das Privatleben des Klägers eingreife. Dieser Eingriff sei auch nicht dadurch zu rechtfertigen, dass der Staat sowohl sein Leben schützen (**Artikel 2**) als auch die allgemeine Sicherheit und Gesundheit der Bevölkerung gewährleisten müsse (**Artikel 8 Absatz 2**). Der Schweizer Staat hingegen argumentierte, dass es keine Verletzung von **Artikel 8** gegeben habe, denn der Staat würde den Kläger in der Ausübung seines Rechts ja gar nicht einschränken. Es existierten zahlreiche weitere Maßnahmen, auf die er beim Suizid zurückgreifen könne. Zudem verwies man darauf, dass **Artikel 8** nicht das Recht auf Sterbehilfe beinhalte. Die Weigerung, das Medikament ohne

---

[442] Dazu sei angemerkt, dass in der Schweiz Suizidbeihilfe zwar erlaubt ist, Sterbehilfeorganisationen wie Dignitas dennoch nur mit ärztlichem Rezept dem Suizidenten beim Freitod assistieren dürfen (vgl. Dignitas 2006).

Restriktionen zugänglich zu machen, trage zudem zur Gewährleistung allgemeiner Sicherheit und Gesundheit bei (**Artikel 8 Absatz 2**).
Der EGMR gab schließlich dem Schweizer Staat am 20.01.2011 Recht. Das Gericht räumte zwar ein, dass genau wie im Fall Pretty das Anliegen des Klägers unter **Artikel 8** falle. Im Unterschied zum Fall Pretty gehe es aber hierbei nicht um Straffreiheit, da in der Schweiz Beihilfe zum Suizid erlaubt ist. Auch handele es sich nicht um die Frage, ob der Kläger sterben dürfe, sondern darum, ob er ein Anrecht auf einen würdigen Suizid habe. Zudem befinde er sich nicht im terminalen Stadium einer Krankheit, die ihn an der Ausführung des Suizids hindern würde. Schließlich verwies man ebenfalls darauf, dass der Schutz der Allgemeinheit vor voreiligen Suizidentschlüssen Vorrang vor dem Anliegen des Klägers habe (EGMR, Urt. v. 20.01.2011, Nr. 31322/07, Haas/Schweiz).

Der Fall Ilse Koch

Ilse Koch, eine deutsche Staatsbürgerin, die nach einem Sturz querschnittsgelähmt war und daher für den Rest ihres Lebens auf künstliche Beatmung angewiesen sein sollte, hatte aufgrund ihrer schweren Leiden ihren Mann gebeten, ihr eine tödliche Medikamentendosis zu besorgen. Diese wurde ihm allerdings von einem deutschen Gericht verweigert. Der Ehemann wandte sich daraufhin im November 2010 an den EGMR (Tagesschau 2010). Dabei verwies er wie seine Vorgänger auf **Artikel 8 Absatz 1**. Die Weigerung des deutschen Gerichts, ihm das Medikament zu gewähren, wertete er als Verstoß gegen diesen Artikel, da der Staat dabei nicht das Privatleben seiner Frau geschützt habe. Erfolg versprach er sich dabei aufgrund der Tatsache, dass die Richter im Fall Pretty zwar gegen Sterbehilfe entschieden, jedoch auch die Relevanz von **Artikel 8 Absatz 1** betont hatten. Die Bundesrepublik Deutschland, die von Koch verklagt wird, äußerte sich jedoch skeptisch: Der Staat könne nicht die Aufgabe haben, Menschen bei der Selbsttötung zu unterstützen. Die Richter ließen bisher noch keine Tendenz erkennen. Die Entscheidung des EGMR steht noch aus (Süddeutsche Zeitung 2010).

Fazit

Trotz der schwierigen juristischen Lage lässt sich im Rahmen der noch jungen Rechtsprechung zum Thema (erst in zwei Fällen hat der EGMR ein Urteil gefällt) eine relativ eindeutige Tendenz erkennen. Bisher entschieden die Richter stets gegen ein Recht auf Sterbehilfe und damit im Sinne der verklagten Staaten (des Vereinigten Königreichs und der Schweiz). Dabei wurde stets die Relevanz von **Artikel 2** betont. Zudem verwies man auf **Artikel 8 Absatz 2**, der den Eingriff in die Privatsphäre legitimiere, weshalb ein nationales Verbot von Sterbehilfe nicht unverhältnismäßig sei. Dennoch akzeptierten die Richter stets auch den Rückgriff auf **Artikel 8 Absatz 1**. Die anderen beiden Artikel, auf die insbesondere der Anwalt Prettys Bezug nahm (**Artikel 3 und 14**), konnten jedoch leicht entkräftet werden.

Trotz der Tatsache, dass Artikel 8 Absatz 1 eine wichtige Rolle zugestanden wurde, fiel die Entscheidung bisher zugunsten von Artikel 8 Absatz 2 aus – und damit gegen das Recht auf Sterbehilfe. Damit ist natürlich nicht gemeint, dass Sterbehilfe verboten sein sollte, ganz im Gegenteil. Das Gericht machte nur deutlich, dass sich seiner Ansicht nach aus der EMRK kein Recht auf Sterbehilfe ableiten lasse. Es bleibt abzuwarten, wie sich der Fall Ulrich Koch entwickeln wird. Auch wenn im Vorfeld von Seiten der Richter erneut auf die Relevanz von Artikel 8 Absatz 1 hingewiesen wurde (Süddeutsche Zeitung 2010), ist aufgrund der zumindest ansatzweise vorhandenen Ähnlichkeit zum Fall Haas in diesem Fall kein bahnbrechendes, neues Urteil zu erwarten.

Zusammenfassung

Rückblickend lässt sich sagen: Sterbehilfe – sowohl in ihrer aktiven als auch in ihrer passiven Form – ist nicht nur auf nationaler Ebene stark umstritten, wie die verschiedenen Gesetzgebungen in Europa beweisen. Sie wirft auch aus menschenrechtlicher Perspektive viele Kontroversen auf. In deren Mittelpunkt steht insbesondere der schwer zu lösende Widerspruch zwischen **Artikel 2**, der den Staat zwingt, Leben zu erhalten, und **Artikel 8 Absatz 1**, der ihm vorschreibt, die Privatsphäre, zu der auch die Frage nach der Art und Weise des eigenen Todes gehört, zu schützen. Einem von beiden muss zwangsläufig ein höheres Gewicht zugestanden werden, um zu einer Entscheidung zu kommen. Bisher wurde dem Recht auf Leben stets mehr Bedeutung beigemessen, was dazu führte, dass das Verbot von Sterbehilfe im Fall Pretty bzw. die Weigerung im Fall Haas, bestimmte Medikamente frei verfügbar zu machen, nicht als unrechtmäßig oder unverhältnismäßig verurteilt wurde. Dabei wurde jedoch keine eindeutige Sachlage geschaffen, denn die Relevanz von **Artikel 8 Absatz 1** wurde beim Thema Sterbehilfe immer wieder aufs Neue betont, selbst wenn dem Recht auf Leben bisher größeres Gewicht zugewiesen wurde.

Aber auch der Konflikt, der innerhalb von **Artikel 8** „ausgefochten" wird und eng mit der oben geschilderten Problematik verwoben ist, ist beim Thema Sterbenshilfe erwähnenswert. Darf man tödliche Medikamente (sterbenswilligen) Bürgern zur Verfügung stellen, um diese in ihrem Privatleben, zu dem ihr Recht auf einen würdigen Tod zweifelsohne zählt, nicht einzuschränken (**Absatz 1**)? Oder ist die durch Missbrauch entstehende Gefahr für die Gesundheit oder gar das Leben anderer zu groß (**Absatz 2**)? Im letzteren Fall – und damit erklärt sich auch der enge Zusammenhang zwischen **Artikel 2** und **Artikel 8 Absatz 2** – spielt das Recht auf Leben erneut eine wichtige Rolle. Diesmal steht nicht das Leben des Sterbewilligen im Vordergrund, sondern das Leben eines mehr oder weniger breiten Bevölkerungsteils, der durch Missbrauch der Sterbehilfe in seinem Leben bedroht sein könnte.

Auch in dieser Hinsicht entschied das Gericht bisher im Sinne von **Artikel 8 Absatz 2** (bzw. im Sinne von **Artikel 2**) und damit zugunsten der verklagten Staaten. Doch auch hier ist keinesfalls eine eindeutige Entscheidung, die jeder Anfechtung trotzt, gefällt worden. So werden angesichts der momentanen Rechtsprechung auch in Zukunft die unterschiedlichen Gegebenheiten der Einzelfälle immer wieder ein genaues Abwägen zwischen beiden Absätzen erzwingen.

In diesem Sinne kann auch die anfangs aufgestellte These bejaht werden. Die oben aufgezeigten Kontroversen führen dazu, dass auch aus menschenrechtlicher Perspektive keine eindeutige Antwort auf die Frage, ob ein Anrecht auf Sterbehilfe besteht oder nicht, gefunden werden kann. Auch wenn der EGMR bisher stets relativ eindeutige Urteile zuungunsten der Sterbehilfe gefällt hat, bedeutet das nicht, dass damit die Frage nach einem möglichen Anrecht auf Sterbehilfe endgültig geklärt ist. Ähnlich äußerten sich auch die Richter im Fall Pretty, die ebenfalls betonten, dass trotz der Tatsache, dass bisher in keinem Fall ein Anrecht auf Sterbehilfe ausgesprochen wurde, noch kein Grundsatzurteil zum Thema Sterbehilfe gefällt sei (Mahler 2010, 164-167).

Welche Möglichkeiten bestehen nun, um das oben aufgezeigte Dilemma zu lösen? Eine Möglichkeit wäre, die EMRK zu ändern und dabei die Sterbehilfe explizit zu regeln. Aufgrund des hohen Aufwands, der für eine Änderung, insbesondere für einen Kompromiss zwischen den verschiedenen Vertragsstaaten erforderlich wäre, ist diese Option jedoch ziemlich unwahrscheinlich. Eine andere Möglichkeit wäre da schon wahrscheinlicher, denn in Form einer völkergewohnheitsrechtlichen Lösung, beispielsweise durch eine sich über mehrere Fälle hinweg etablierende Urteilssprechung, die mit der Zeit als Gewohnheitsrecht akzeptiert wird, könnte sich das Problem mit der Zeit vielleicht sogar von selbst lösen. Ob es zu einer solchen Lösung kommen wird, wie diese aussehen könnte und was sie für das Schicksal sterbewilliger Menschen bedeuten wird, ist bisher nicht abzusehen. Vielleicht bleibt es aufgrund der Verschiedenheit der Einzelfälle auch einfach bei Einzelrechtsprechungen, die die Frage nach einem grundsätzlichen Anrecht auf Sterbehilfe außen vor lassen. Diese Fragen wird jedoch nur die Zukunft beantworten können, denn fest steht bisher nur eins: Das Thema Sterbehilfe ist noch lange nicht endgültig entschieden.

Literaturverzeichnis

Broschürenreihen

Fuchs, Michael. 2006. „Sterbehilfe und selbstbestimmtes Sterben – Zur Diskussion in Mittel- und Westeuropa, den USA und Australien", in: Konrad Adenauer Stiftung (hrsg.): *Zukunftsforum Politik, Nr. 79,* Broschürenreihe. Sankt Augustin/Berlin.

Internetquellen

Gerichtsbeschlüsse

Europäischer Gerichtshof für Menschenrechte. Urt. v. 29.04.2002, Nr. 2346/02, Pretty/Vereinigtes Königreich, abger. am 16.02.2011.

http://cmiskp.echr.coe.int/tkp197/view.asp?action=html&documentId=698325&portal=hbkm&source=externalbydocnumber&table=F69A27FD8FB86142BF01C1166DEA398649.

Europäischer Gerichtshof für Menschenrechte. Urt. v. 20.01.2011, Nr. 31322/07, Haas/Schweiz, abger. am 16.02.2011.

http://cmiskp.echr.coe.int/tkp197/view.asp?action=html&documentId=880260&portal=hbkm&source=externalbydocnumber&table=F69A27FD8FB86142BF01C1166DEA398649

Gesetzesfassungen

Italienisches Strafgesetzbuch/Codice Penale Italiano. §§ 579/580. Abger. am 16.02.2011. http://www.codice-penale.it/articoli_codice_penale/libro_secondo/titolo_viii/art_579.html /

http://www.codice-penale.it/articoli_codice_penale/libro_secondo/titolo_viii/art_580.html.

Spanisches Strafgesetzbuch/Codigo Penal Español. § 143. Abger. am 16.02.2011.

http://www.boe.es/aeboe/consultas/bases_datos/doc.php?coleccion=iberlex&id=1995/25444.

Menschenrechtsverträge

Europäische Menschenrechtskonvention. Abger. am 08.02.2011. http://conventions.coe.int/treaty/ger/treaties/html/005.htm.

Internationaler Pakt über bürgerliche und politische Rechte. Abger. 08.02.2011. http://www.admin.ch/ch/d/sr/i1/0.103.2.de.pdf

Nachrichten-, Zeitungs- und Zeitschriftenportale

Deutsches Ärzteblatt. 2011. „Menschenrechtsgericht entscheidet abermals gegen Sterbehilfe.", 20.01., abger. am 16.02.2011.

http://www.aerzteblatt.de/v4/news/news.asp?id=44362.

Die Welt. 2008. „Sterbehilfe. Italienische Komapatientin darf doch nicht sterben.", 01.08., abger. am 16.02.2011. http://www.welt.de/vermischtes/article2270224/Italienische-Komapatientin-darf-doch-nicht-sterben.html.

Focus. 2009. „Verfassungsgericht: Sterbehilfe für italienische Koma-Patientin Englaro zulässig.", 13.02., abger. am 16.02.2011. http://www.focus.de/panorama/vermischtes/verfassungsgericht-sterbehilfe-fuer-italienische-koma-patientin-englaro-zulaessig_aid_367116.html.

Süddeutsche Zeitung. 2010. „Sterbehilfe vor europäischem Gericht: Begehrtes Gift.", 23.11., abger. am 16.02.2011.

http://www.sueddeutsche.de/politik/sterbehilfe-verhandlung-vor-europaeischem-gericht-begehrtes-gift-1.1027435.

Tagesschau. 2010. „Prozess vor Europäischem Gerichtshof für Menschenrechte. Deutscher Witwer klagt gegen Sterbehilfe-Verbot.", 23.11., abger. am 16.02.2011. http://www.tagesschau.de/ausland/sterbehilfe122.html.

Sonstige Internetquellen

Deutsches Referenzzentrum für Ethik in den Biowissenschaften. (s.d.). „Rechtliche Regelungen.", abger. am 16.02.2011. http://www.drze.de/im-blickpunkt/sterbehilfe/rechtliche-regelungen.

Dignitas. 2006. „Rechtsgrundlagen.", 04.10., abger. am 22.02.2011. http://www.dignitas.ch/index.php?option=com_content&task=view&id=83&Itemid=124.

Landesarbeitsgemeinschaft Hospiz Baden-Württemberg e.V. 2009. „Patientenverfügung: Der Patientenwille ist bindend. DHPV legt Handreichung zur Anwendung des neuen Gesetzes vor.", 15.09., abger.. am 09.02. 2011. http://hospiz-bw.de/artikel/2009/09/15/4168/patientenverfuegung_der_patientenwille_ist_bin dend.

Patientenverfuegung.de. 2007. „Heikle Sterbehilfe in Italien. Deutsche Ärzteinitiative für Entkriminalisierung. Keine Mordanklage gegen Italienischen Arzt wegen Sterbehilfe im Fall Welby.", 23.07., abger. am 16.02.2011. http://www.patientenverfuegung.de/info-datenbank/2007-7-23/heikle-sterbehilfe-in-italien-deutsche-aerzteinitiative-fuer-entkriminalisi.

Sterbehilfe-info.de. (s.d.). „Aktive und passive Sterbehilfe: Was heißt das eigentlich?", abger. am 09.02.2011. http://www.sterbehilfe-info.de/sterbehilfe-was-bedeuten-die-begriffe-eigentlich/

Universimed. 2010. „Der Tod, der Arzt und sein Patient. Autonomie und Fürsorge am Lebensende.", 28.07., abger. am 16.02.2011.

http://haematologie-onkologie.universimed.com/artikel/der-tod-der-arzt-und-sein-patient-autonomie-und-f%C3%BCrsorge-am-lebensen.

Magazine

Mahler, Claudia. 2010. „Urteile des Europäischen Gerichtshofs für Menschenrechte im Überblick.", in: MenschenRechtsMagazin, - 7 (2002), 3 -, S. 164-167.

Monographien

Fischer, Susanne. 2008. Entscheidungsmacht und Handlungskontrolle am Lebensende. Eine Untersuchung bei Schweizer Ärztinnen und Ärzten zum Informations- und Sterbehilfeverhalten. Wiesbaden: Verlag für Sozialwissenschaften.

Galligani, Clemente. 2005. Repubblica, democrazia, costituzione nella società civile e nello stato. Rom: Armando.

Gollwitzer, Walter. 2005. Menschenrechte im Strafverfahren. MRK und IPBPR. Berlin: de Gruyter.

Jetter, Andreas. 2004. Das Vormundschaftsgericht und die Entscheidung über passive Sterbehilfe. ,de lege lata und de lege ferenda'. (=Juristische Schriftenreihe) Münster: Lit.

Schell, Werner. 2002. Sterbebegleitung und Sterbehilfe: Gesetze, Rechtsprechungen, Deklarationen. Richtlinien und Stellungnahmen. Unter Mitarbeit von Wolfgang Schell. - 3. aktualisierte und erweiterte Auflage. - Hannover: Schlütersche.

Schumann, Eva. 2006. Dignitas-Voluntas-Vita. Überlegungen zur Sterbehilfe aus rechtshistorischer, interdisziplinärer und rechtsvergleichender Sicht. (Göttinger Antrittsvorlesung im Januar 2006). Göttingen: Universitätsverlag.

Sammelbände

Brudermüller, Gerd. 2003. „Anhang II. Entscheidungen des Europäischen Gerichtshofs für Menschenrechte.", in: Gerd Brudermüller/ Wolfgang Marx/ Konrad Schüttauf (hrsg.). *Suizid und Sterbehilfe.* (=Schriften des Instituts für angewandte Ethik e.V., Band 4). Würzburg: Königshausen und Neumann.